김문찬 시사칼럼

내가 꿈꾸는 대한민국

김문찬 지음

UUP

김문찬 시사칼럼:

내가 꿈꾸는 대한민국

- 2015년 09월 14일 **초판 인쇄**
- 2015년 09월 21일 **초판 발행**
- **지은이 김문찬**
- **펴낸이** 오연천
- **펴낸곳 UUP**(울산대학교출판부) 680-749 울산광역시 남구 대학로 93(무거동) 울산대학교 출판부
- 전화 (052)259-2488 팩스 (052)277-3011 ▪ **홈페이지** http://uup.ulsan.ac.kr
- **출판등록** 제370-1996-000001호(1996.3.13)
- ₩ 15,000

ISBN 978.89.7868.374.6 (03000)

서문

바람이 불어옵니다. 신선한 바람이 우리들의 살갗을 기분 좋게 자극합니다. 9월의 바람입니다. 우리의 살갗을 기분 좋게 자극하는 이 바람도 산을 넘고 들판을 지나 천신만고 끝에 지금 여기에 다 닿았을 것입니다. 그래서 9월 바람은 가을의 바램(願)을 담고 있습니다. 들판 모든 오곡과 과일의 알맹이가 더욱 알차고 탐스럽게 영글기를 바라는 바램입니다. 저는 이 바람이 더 세차게 불었으면 좋겠습니다. 그래서 알맹이만 남기고 쭉정이는 날려버리기를 소망(願)합니다. 오늘이 아니면 내일, 새봄이 오기 전에 말입니다. 그래한 튼실한 알맹이만 남아서 봄에는 또 그렇게 푸른 새싹을 피울 수 있으니까요.

小醫보다는 志士로 살고 싶었습니다.

우리가 지키고 가꾸어야 할 가치가 위협받던 시절이 있었습니다. 위기의 대한민국을 바라보며 하늘을 우러러 탄식하던 시절이 있었습니다. 저는 그때 우리가 지켜내야 할 가치, 동족상잔의 아픔까지 겪으며 지켜냈던 가치, 바로 자랑스런 조국의 헌법이 지향하는 시장경제와 자유민주주의의 가치를 수호하기 위해 홀로 횃불을 들었던 적이 있습니다. 독재 권력과도 싸웠고 민노총, 전교조 등 종북 좌파세력과도 싸웠습니다. 제게는 '대한민국이 더 이상 종북 좌파 세력에 끌려가서는 안 된다'는 신념이 있었고 '인류의 역사에 빛나는 자유민주주의의 이념과 선열들이 쌓아올린 내 조국의 자랑스런 역사가 더 이상 조롱받아서는 안 된다'는 일념이 있었기 때문입니다.

내가 꿈꾸는 대한민국

우리에게는 피와 땀으로 일구어낸 성장과 번영의 소중한 경험이 있습니다. 시련은 있어도 실패는 없다고 했습니다. 이러한 일념과 굳건한 신념이 있으므로 우리에게 아직 희망이 있는 것입니다. 여기 신문칼럼을 통해 공론의 장에서 싸우면서 소망했던 흔적을 모아 봤습니다. 허풍과 과시는 물론이고 편견과 아집에 사로잡힌 과거의 모습을 발견하고 몇 번이고 출판을 포기 할까 번민의 밤낮을 보낸 적도 많았습니다만 이 또한 제가 살아온 삶의 흔적임을 부인하지 않겠습니다. 이 책을 통해 한 분이라도 더 미숙하고 부족함이 많은 김문찬을 발견하는 기회가 되기를 소망합니다.

2015. 9. 23.

울산의대교수 의학박사 김문찬

목차

01

“내가 꿈꾸는 대한민국”

2012. 10.
▪장소 :
이 함께

>> 내가 꿈꾸는 대한민국

해 짧은 겨울의 저녁나절이다. 바람이 비명을 지르며 지날 때마다 헐벗은 나목들이 엉엉 울음을 운다. 삶의 의미는 시련의 의미라고 했던가. 엄동의 시련 속에서도 봄에의 믿음은 품었을 터, 절망이 단순한 감정상의 문제가 아니듯 이들이 품었을 꿈 또한 단순한 믿음은 아닐 것이다. 청청한 하늘 아래 한 무리의 까마귀들이 떼지어 날아간다. 실존 철학의 아버지 키에르 케고르는 인간을 죽음에 이르게 하는 것은 질병이 아니라 절망에 빠지는 것이라 했다. 어찌 이것이 인간뿐이겠는가. 믿음을 품은 모든 존재는 이 겨울 반드시 살아남아 봄에는 또 그렇게 싹을 튀울 것이다.

지난 12일 울산대학교학생회관에서 울산창조포럼 초청 새누리당 김문수 보수혁신위원장의 강연이 있었다. 그는 이날 '내가 꿈꾸는 대한민국'이란 제목의 강연과 기자간담회를 통해 우리 사회의 위기요인으로 하나의 이익 집단처럼 된 정부와 공기업, 귀족화된 대기업 정규직 노조, 그리고 좌파적 이념교육과 공동체적 인간교육을 벗어난 스펙 쌓기 용 교육, 저출산 고령화의 문제 등을 꼽았다.

저출산 고령화 문제에 있어서는 결혼을 미루는 젊은이들을 향해서 우려의 쓴 소리를 쏟아냈다. 결혼의 가장 중요한 요소는 사랑인데 부모 그늘 아래서의 안락함에 젖어 물질적인 이유로 결혼을 미룬다는 것이다. 대학생들을 향해서도 비난과 부정이 지성의 본질일 수 없다며 쓴 소리를 마다하지 않았다. 긍정의 철학, 긍정의 언어, 진취적 태도가 중요한데 그러기 위해서는 꿈과 믿음을 가져야 한다고 했다. 비록 청년이라 할지라도 그 기개(氣概)의 피폐가 노년과 동(同)하면 어찌 청년이라 할 수 있겠는가(단재 신채호). 모두가 다 적잖이 공감이 가는 부분이었다. 정치지도자가 대학에서 학생들의 비위를 맞추기 위해 맞장구를 치는 경우는 많이 보아왔지만 쓴 소리를 하는 경우는 그가 처음이었다.

그렇다면 지금 한국 사회의 위기를 극복하고 일대 혁신을 통한 도약을 이루기 위해서는 무엇이 가장 시급하냐는 기자들의 질문에 그는 국민 통합이라고 답했다. 그리고 통합을 이루는 수단으로 나눔을 제시했다. 대통령과 총리가 나누고, 대통령과 국회가 나누고, 어려운 이웃과는 아픔을 나누고, 사랑하는 사람과는 시간을 나누자고 했다. 특권을 내려놓고 권력과 생각과 시간을 나누고, 아픔과 사랑을 나누어야 우리사회가 통합될 수 있다고 주장했다. 나눔이 가장 훌륭한 통합의 수단임을 주장하는 부분에도 공감이 갔다. 나누지 않으면 차별이 생겨나고 적대감만 점점 커지기 때문이다. 한국사회의 위기감이 점점 고조되는 시점에서 위기극복의 수단으로서, 국민통합의 수단으로서 이날 김문수가 제시한 나눔의 화두는 인상적이었다.

우리 모두는 누구나 나눔의 수혜자가 될 수도 있지만 동시에 나도 뭔가 나눌 수 있는 능력을 가진 나눔의 제공자라는 사실에 주목한다면 삶의 태도가 보다 긍정적으로 바뀔 수 있지 않을까. 나누는 방식은 자유와 평등 그리고 정의에 대한 민주적 기여와 일치해야

하고, 세상을 바로잡고 자유민주적 가치를 지속 유지시키기 위한 수단으로서의 나눔이어야 한다. 나눔에 대한 철학적이고 정치적인 논쟁을 어떻게 만들어 갈 것인가는 김문수 만의 고민이 되어서는 안 될 것이다. 더 늦기 전에 이제부터라도 우리 모두가 통합의 수단으로서의 나눔에 대해-권력 구조를 포함하여 고민과 토론의 시간을 나누어야 될 시점이라고 생각한다. 통합의 가장 훌륭한 수단이 나눔이라 믿기 때문이다. 그러고 보니 거리에는 벌써 구세군 냄비가 등장했다. 따뜻한 나눔의 손길이 평소에도 늘 이어졌으면 하는 바람이다.

한파가 밀려갔다 밀려왔다를 반복하며 끊임없이 자극하는 고통스런 촉감에 초목들은 고개를 숙인 지 이미 오래다. 엄동의 시련 앞에 비록 고개를 숙였지만 봄에의 믿음이 있는 한 오늘의 고통을 결코 후회하지 않으리라. 꿈을 이루는 힘은 올바르게 사는 것이라고 했다. 오늘 시련이 닥치더라도 미래를 바라보겠다는 우리들의 올바른 다짐이 있고, 올바른 실천이 있다면 '내가 꿈꾸는 대한민국' 우리들이 꿈꾸는 대한민국도 이루어지리라 믿는다.

경상일보 | 2014.12.25.

>> 억새의 향연

태화강 하구에 억새가 피었다. 너울너울 억새가 피었다. 성묘길 고향을 휘감고 흐르는 회야강 언덕에도, 잡초만 무심히 늙어가는 고향선영의 묵정밭에도 너울너울 억새가 피었다. 벼가 누렇게 고개를 숙이고, 콩잎도 누릇누릇 지쳐갈 때면 고향의 언덕에도 어김없이 이렇게 억새가 피어올랐다. 갓 피어난 억새는 살랑살랑 빛나는 갈색이다. 가을 햇살에 찬란히 빛나는 갈색억새도 만추가 되면 하얗게 빛이 바래면서 홀씨를 바람에 새처럼 훨훨 날려 보낸다. 그래서 억새를 새라 불렀을까. 고향에서는 억새를 새라 불렀다.

억새는 먹을 수 있는 맛있는 꽃이다. 꽃이 피기 전 새하얀 속살을 어릴 적에 자주 먹었다. 그 맛은 달고 부드럽다. 억새 속살을 꺼내다 가끔은 억새 잎에 손을 베이기도 했다. 억새 잎에 손을 베어보지 않은 사람은 왜 억새가 으악~새 인줄 모를 것이다. 억새 속을 먹느라 풀 먹이던 누렁이를 놓쳐 이 골짝 저 골짝 소 찾아 헤맸던 기억도 이 가을 억새가 주는 애틋한 추억의 한 부분이다. 그때는 풀도 귀해서 남의 밭둑의 풀도 함부로 베지 못했다. 소 먹이 감으로 혹은 두엄용으로 풀이 베어지고 나면 밭둑은 오롯이 억새차지였다. 가을 들녘이 온통 억새 천지였다. 자연 속에 방목되다시피 자란 내 유년의 추억 속에 비친 억새의 모습은 지금도 애틋한 그리움으로 남아 가을이면 내 가슴속에 생생하게 펼쳐진다.

흰 무 베어 물고 거닐던 오솔길가며, 동구 밖 언덕이며, 골짝골짝 층층 밭둑을 가득 메운 채 가을 햇살에 총총히 빛을 발하며 출렁이던 억새. 가을 운동회의 만국기처럼 씩씩하게 펄럭이기도 했다가 또 언제는 가을 소슬바람에 어깨를 들썩이며 흐느끼던 억새의 모습은 아직도 생생히 지워지지 않는다. 바다를 건너온 바람이 켜켜이 억새 숲을 헤집고 들어가면 억새는 온몸을 흔들어 파도를 일으킨다. 파도가 일어 생긴 산소로 물고기가 살 듯이 억새는 그렇게 홀씨를 키운다. 억새가 조그만 소슬바람에도 쉼 없이 몸을 떨며 우는 이유가 여기에 있지 않을까.

적막한 산천의 가을 달밤에 바람을 따라 홀로 우는 억새를 누구는 '으악새 슬피 우는 가을'이라 노래했고, 만추의 자락에 모든 홀씨를 표표히 날려 보내고 꽃대만 남은 억새가 또 그렇게 울다가 봄을 맞으면 시인은 억새를 '억세게 살아남은 억새풀'이라 노래했다. 억세게 살아남아 비가오고 바람이 불고 눈이 내리고 또 소가 가을밭을 갈 때까지 긴 인고의 세월을 거쳐 느리고 더디게 피운 꽃이 억새꽃이다. 억새는 슬로우 플라워다. 음식으로 따지면 오랫동안 숙성된 우리고유의 담백하고 정갈한 맛이 나는 꽃이다. 기름진 땅에서 며칠 만에 속성으로 핀 꽃과는 차원이 다른, 겸손하면서도 수수한 그리 밝지도 칙칙하지도 않은 꽃, 화려하지는 않지만 품위를 갖춘 이 땅의 꼭 우리 어머니 같은 꽃이다. 우리 어머니 같은 억새, 억새 같았던 우리 어머니. 우리들 어머니처럼 농부들의 고단한 삶을 더듬던 억새는 척박한 땅에 뿌리를 박은 관계로 여간해서 스러지지 않는다. 태풍이 와도 뿌리 채 뽑히는 법도 없다. 동해에서 불어오는 건들바람에 너울거리며 여름날의 칙칙했던 욕망과 격정과 원망을 말끔히 비질하며 지나가던 억새, 비바람이 자연을 정화시키듯 고향의 억새는 어쩌면 우리의 마음을 정화시켰으리라.

태화강 하류에 억새가 운다. 너울너울 억새가 운다. 유명고산의 절세평원이 아니어도 억새는 지금 지천에서 울고 있다. 가만히 눈을 감고 귀 기울이면 소프라노가 되었다가 테너가 되었다가 때론 강바람에 바리톤이 되었다가 다시 장엄한 교향악으로 태화강 백리 물길을 따라 너울너울 퍼져나간다. 올해도 어김없이 억새의 향연이 시작된 것이다.

구름 / 흘러가는 / 물길은 / 칠 백리. 나그네 / 긴 소매 / 꽃잎에 젖어. 술 익는 / 강마을의 / 저녁노을이여. 이 밤 / 지면 / 저 마을에 / 꽃은 / 지리라.(중략 조지훈 '완화삼') 꽃은 지리라, 억새꽃도 지리라. 이 밤 자고 저 밤 가면 억새의 향연도 끝이 나리라. 끝나기 전에 이 가을 하루쯤은 작은 가슴 억새에게 훌훌 맡겨 봄은 어떨까? 감정이 쌓여 무거워 지기 전에, 더 늦기 전에.

경상일보 | 2013.09.23.

>> 오늘도 솔마루 둘레길을 걷는다

'일엽지추(一葉知秋)'라 했던가. 어느 서슴엔가 찬바람은 알싸하게 우리들 가슴에 부딪혀 온다. 그 쌀쌀함만으로도 고독을 부추기기에 부족함이 없거니와 서늘한 바람에 뒹구는 낙엽들은 젊은 날 가슴 울렁거리며 읽었던 이별의 연서를 추억하게 한다.

만추의 서정이 고독하고 그리운 것은 싸늘함과 건조함이 고독의 본능을 자극하는 것이 아니라 어쩌면 후천적 학습의 결과일 것이다. 찬바람이 불면 낙엽이 지고 낙엽이 지면 떠나야 하고 떠나보내야 하는.

설악산에 단풍이 절정이라는 소식이다. 상상만으로도 황홀한 만산홍엽의 한계령. 추풍령 이남에도 곧 절정을 이루겠지만 개개의 단풍은 그들 각자의 삶의 방식과 역할이 달랐던 만큼 고유한 색깔과 개성으로 만산홍엽을 연출하고 있는 것이다. 옻나무는 옻나무대로, 참나무는 참나무대로.

단풍든 잎들은 하나같이 그들이 딛고 선 대지의 색깔을 닮았다.

거무튀튀에서 부터 붉은 황토에 이르기 까지. 꽃을 피우고 열매를 맺기 위해 애를 쓰다가 마침내 순환을 끝내고 그들 본래의 모습으로 돌아간 상태, 이것이 바로 단풍이다. 굳건한 기상과 흔들리지 않는 용기로 열매를 맺고, 열매를 지키며 키웠던 어버이의 모습으로 오늘 삼천리 금수강산을 붉게붉게 물들이고 있는 것이다.

오늘도 은월봉에 오른다. 은월봉은 우리 집 뒷동산 남산의 끝 봉우리다. 산은 낮으나 은월봉에 서면 사면이 트인다. 멀리 동쪽 무룡산 자락에는 하늘 높이 뭉게뭉게 흰 구름이 걸리었고 북쪽 함월산을 병풍 삼은 태화들에는 푸른 대밭 사이로 태화강이 흐른다.

계절을 잊은 듯 태화들은 저리도 푸른데 강 건너 산 아래는 은행잎이 노랗게 물들어 간다. 솔밭너머로 보이는 하늘은 눈부시게 파랗고 산정에는 습기를 잃은 바람이 무심히 지나간다. 바람이 지날 때 마다 우수수 찬란한 황금빛 조각들이 떨어진다. 뚝뚝 모란이 지듯이 동백이 지듯이. 그들은 지금 뻐꾹새 구슬피 울어대던 길을 따라 한 세월 다하여 돌아가고 있는 것이다. 대지의 품으로, 대지의 젖줄이 되기 위해. 누가 보더라도 부끄럽지 않는 그들만의 삶을 살고 가는 모습, 어찌 이것이 허무의 모습이겠는가. 떨어져 마침내 바람에 자유로운 그들은 지금 해탈의 순간을 맞이하고 있는 것이다. 은월봉을 거쳐 하얀 가르마 같은 '솔마루 둘레길'을 걷는다.

격동재를 지나 한참을 걸으면 공원묘지가 나온다. 가을 양광을 몸에 품은 묏등마다 잔디는 고이고이 물들어가는 데 날개고운 산새가 울고 간 자리마다 군데군데 한 웅큼씩 구절초가 피었다. "날개 없어 별이 못된 눈물 같은 꽃/산 너머 흰 구름만 보고 있는 꽃/(구절초 · 선 용)." 어쩜 저리도 평화로울 수 있을까. 다시 언덕을 넘어 소나무 숲을 지나면 문수로를 건너는 '솔마루 하늘길'이

나온다. 여기서 내려다본 울산의 가을 풍경도 예사롭지 않다. 울긋불긋 단풍든 느티나무 가로수가 문수로를 따라 이열종대로 늘어서 있고, 가을 해가 저무는 문수산을 배경으로 햇살마저 노란 수변공원 주변에는 단풍에 불이 붙었다. 바람이 지날 때마다 더욱 더 찬란하다. 단풍은 서로가 서로의 배경이 되어 서로서로 비춰줌으로써 더 찬란한 것이다. 산과 바람과 단풍이 빚어내는 절묘한 조화를 감상하며 천천히 대공원에 접어들면 이미 해는 저물어 무룡산을 넘어온 달이 어느새 얼굴을 내비친다.

녹색 자연 환경에서 사는 사람이 그렇지 않는 사람보다 3배 이상 건강하고 비만을 포함한 만성질환을 40%까지 감소시킨다는 것이 최근 의학계의 보고다.

생태계 건전성을 포함한 자연환경이 행복지수는 물론이고 건강에 지대한 영향을 미친다는 사실은 이미 입증되어 있다. 자연이 보약인 셈이다. '타관에 유랑하다가 얻은 각기병은 천만가지의 약보다도 고향의 아침이슬을 밟아야 낫는다'는 말도 있지 않은가. 바람은 이제 차졌다. 단풍은 지금도 총총한 별 아래 어슬렁거리며 내려오고 있을 것이다. 지금쯤 추풍령은 지났을까. 오늘도 감사히 솔마루 둘레길을 걷는다.

경상일보 | 2013.10.23.

›› 겨울의 문턱에서

어느새 겨울이 눈앞에 섰다. 광장을 훑고 지나가는 바람마다 냉기가 가득하다. 바람이 지나간 곳곳마다 빈자리만 남았다. 겨울은 빈자리를 바라보며 사라진 존재의 소중함을 실감하는 계절이다. 소중한 것들을 하나하나 가슴속에 그려본다. 이 과정을 우리는 사색이라 하고 사색을 통해 그려진 것은 그리움이다. 이제는 온통 그리움만 남았다. 가슴 저린 그리움이 없고서야 어찌 삶에 감사할 수 있겠는가. 그리움이 없이는 사랑도 없다. 가지 끝에 매달린 나뭇잎 하나가 애처롭게 몸을 떤다. 그리움에 몸을 떠는 일엽의 애달픔. 일엽은 노스텔지어의 손수건이다. 맑고 곧은 이념의 푯대 끝에 매달려 저 푸른 해원을 향해 흔드는. 아니, 가지 끝에 매달린 일엽은 그리움의 표상이 되어 흔들리는 깃발이다. 겨울 앞에 마주선 씩씩한 깃발. 유수같이 흘러가는 세월의 무상함과 무심한 계절 앞에 정당하게 저항하는 깃발이다.

아 아 그러나 세월 앞에 어쩌랴. 떨어진 잎들은 이미 태워졌거나 작은 공터에 묻혔을 것이다. 이제 보이는 것은 벌거숭이 알몸을 드러낸 채 깊은 사색에 잠긴 나목들뿐이다. 솔직함과 힘찬 윤곽을 드러낸 나목들은 단정하고 조화로운 모습으로 당당하게 겨울 앞에 섰다. 모진 세월을 견뎌야하는 새로운 생활이 시작 된 것이다. 겨울 삭풍에 웅~ 웅~ 울기도 할 것이다. 그들은 지금 성찰의 시간을 맞이하고 있는 것이다. 아픔을 딛고 긴 성찰의 시간을 보내노라면 봄은 머지않아 그들 앞에 찾아 올 것이다. 쉽고 편한 환경에서는 결코 강한 생물체는 만들어 지지 않으며, 강한 생명체의 탄생은 시련과 고통의 경험을 통해서만 가능하다는 것은 이미 우리가 자연계에서 체득한 진실이다. 이 겨울 들판에 고통을 감내하며 성찰의 시간을 보내고 있는 나목들, 언젠가는 반드시 무성한 잎과 꽃을 피우고 열매를 맺으리라.

전국적으로 소나무 재선충 병의 피해가 극심해지고 있는 가운데 우리 울산지역은 경상 남·북도와 함께 피해가 가장 심각한 수준인 '극심 1급 지역'으로 분류되었다고 한다. 소나무 재선충 병은 지구온난화로 인해 급속히 개체수가 증가한 솔수염 하늘소라는 해충이 매개하는 질병으로 알려져 있다. 지구 온난화가 주범인 셈이다. 아니 어찌보면 약해진 소나무 자체가 근본 원인 일 것이다. 사람이던 초목이던 시련을 통해 면역을 획득한다. 강추위가 사라진 온난화 속의 겨울이 소나무를 약하게 만든 것이다.

그래서 늠름한 기상으로 독야청청하던 소나무가 속수무책으로 죽어가고 있는 것이다. 정부는 재선충 병의 퇴치를 위해 긴급방제비 140억원을 편성하여 이 가운데 올해 예비비로 114억원을 투입할 계획이라고 한다. 우리보다 먼저 피해를 본 일본은 이미 방역을 포기하고 꼭 살릴 소나무만 정해서 집중관리를 하고 있다고 한다.

병든 소나무를 베어내고 효과가 유한한(2년) 예방주사로는 재선충 박멸에 성공할 수 없었던 것이다. 우리나라도 이대로 간다면 50년 뒤에는 남한에서, 100년 뒤에는 남·북한 전역에서 소나무가 사라질 것이라고 한다.

우리에게 있어 소나무는 늠름한 민족기상의 상징이며 인문학적 애환이 녹아있는 수종이다. 의학적 측면에서는 피톤치드의 제왕이다. 소나무는 편백나무보다 더 많은 피톤치드를 생산한다. 피톤치드는 천연 항 노화제일 뿐만 아니라 인체 면역을 증가시켜 암을 포함한 각종 질병을 예방하는 효과가 있다. 진정작용이 있어 스트레스 극복에도 도움이 된다. 소나무 향이 은은히 베어나는 숲길을 걸어본 사람이라면 누구나 경험했을 것이다.

겨울의 문턱이다. 산마루 어디서나 홀로 우뚝 겨울 삭풍을 막고 서있는 소나무에서 우리는 삶의 애환을 발견하기도 하지만 꿋꿋한 기상도 함께 배운다. 피톤치드를 발산하며 우리민족의 건강을 지켜준 소나무. 소나무가 사라진 삼천리금수강산은 상상조차 할 수 없다. 소나무 보호를 위한 특단의 조치가 필요한 시점이다. 전염병에는 백신을 통한 면역획득이 가장 좋은 치료 전략이다. 산림청이 백신 개발에 착수했다고 하니 하루빨리 평생면역획득이 가능한 백신개발이 성공하기를 바란다.

경상일보 | 2013.11.22.

›› 울면 안 돼

광장마다 점등된 크리스마스트리가 주변의 어둠을 밝힌다. 어둠을 헤치며 성탄송이 흐른다. 성탄송이 울려 퍼지는 12월 중순, 그러고 보니 벌써 한해가 저물었다. 한해가 저무는 광장에는 밀물처럼 밀려온 통한(痛恨)만이 넘실거린다. 하루 해 지는 것도 애달픈인데 데굴데굴 저무는 한해를 바라보는 심정은 통한을 넘어 비통함이다. 아, 아, 한 점 한 점을 진한 핏방울처럼 살겠노라 세웠던 그 많던 결심과 계획은 모두 다 어디로 갔는가. 이슥한 저녁 소맥 한잔으로 몸을 데운 채 걷는 회한의 산책길, 냉랭한 겨울바람을 타고 성탄송이 흐른다. '울면 안 돼~ 울면 안 돼~'

고향마을 야트막한 언덕 베기에 조그만 교회당이 있었다. 이때쯤이면 크리스마스 이브행사준비가 한창이었다. 교회 창 너머로 은은한 호야등 불빛이 새어나올 쯤이면 동생과 함께 누나를 따라서 교회당에 갔다. 뽀얀 입김과 서로서로의 체온으로 찬공기를 몰아내고 나면 실내는 어느새 훈훈해져왔다. 해만 지면 침침한 호롱불 밑에서 어머니의 바느질을 구경하다 잠이 들던 그 때, 크리스마스 이브행사 준비기간은 우리에겐 크나 큰 축복의 시간이었다.

교회의 마루 바닥 위에서 나는 이때 처음으로 수건돌리기 놀이도 배웠고 엉덩이로 제 이름 쓰는 법도 배웠다. 가끔씩 흥얼거리는 찬송가도 그때 배웠다. 아, 내 생애 그렇게 행복하고 평화롭던 시절이 있었을까? 밤이 이슥토록 연습을 마치고 삼삼오오 짝을 지어 집으로 돌아오는 깜깜한 밤길, 누군가 성탄송을 부르면 우리는 모두가 따라 불렀다. '탄일종이 땡 땡 땡~, 은은하게 울리네, 저 깊고 깊은 산속 오막살이에도 탄일종이 울리네~' 브레멘 음악대가 시골마을에 출현한 것이다. 겨울 밤마다 시골마을에 나타났던 음악대, 이 시절 나는 브레멘 음악대의 자랑스러운 일원이었던 것이다.

성탄 전날 밤에는 온 동네 어른들이 자신의 종교와는 상관없이 교회당에 모였고 우리들은 공연을 했다. 아동부 저학년 때에는 '탄일송'을 이중창으로 불렀고 고학년 때는 구두쇠 스쿠루지 영감 역을 맡아서 열연했던 기억이 난다. 언니, 누나들은 새벽까지 따로 남아 집집마다 돌며 성탄송을 불렀다. '고요한 밤 거룩한 밤, 어둠에 묻힌 밤~' 꽁꽁 얼어붙은 새벽에 천상에서 들려오는 소리. 우리는 이때 잠에서 깨어 머리맡에 벗어놓은 양말을 만져보았다. 혹시라도 굴뚝을 타고 내려온 산타클로스 할아버지께서 주신 선물이 있나 해서다. 희망과 평화와 행복이 꿀물처럼 넘쳐나던 시절이었다.

기온은 항상 영하의 저 밑을 맴돌았지만 그 시절 우리는 하나도 춥지 않았다. 행복한 기억, 사랑 받는다는 느낌만으로도 추위를 훨씬 덜 느낄 수 있음은 후에 과학적으로 증명되었다. 뿐만 아니라 최신 기능성 자기공명영상(fMRI) 촬영을 한 결과에 따르면 희망과 평화가 넘쳐나는 사람의 뇌는 전두엽 영역들이 활성화된다고 한다. 전두엽이 위축되거나 손상되면 합리적 논리구조는 물론이고 상대의 말에 귀 기울이는 공감능력 또한 저하된다. 전두엽은 우리의 이성을 총괄하는 중추다. 전두엽이 손상되거나 위축된 미숙아에서 자폐증 발생의 위험이 높아진다는 것은 의학계에서는 이미 알려진 사실이다. 성탄이 있어 행복했음으로 우리들의 전두엽은 많이 진화했으리라.

올 한해 한국사회는 집단자폐의 신음소리가 높았다. 미숙한 군중들이 만들어낸 집단자폐증, 사실 확인에는 관심도 없이 입맛에 맞는 선동가들의 주장을 무작정 퍼나르는 미숙한 군중들은 다른 사람들에 의해 제공된 자극에 무비판적으로 반응하는 속성이 있다. 특히 권위 있는 사람들이나 그들이 크게 존경하는 사람들의 몸짓에는 - 그 들이 개가죽을 덮어쓰고 호랑이 춤을 출지언정 - 거의 자동적인 반응을 나타낸다. 반면 이견이 있는 집단하고는 단절하는 속성을 지닌다. 마음이 만들어 버린 속박, 이것이 오늘 한국사회가 앓고 있는 집단자폐의 문제점이 아닐까.

성탄이 다가오는 이슥한 밤이다. 집단자폐의 신음이 배어 있는 광장마다에는 점등된 트리가 안간힘을 쓰며 어둠을 몰아내고 있고 그 위로 잔잔히 성탄송이 흐른다. '울면 안 돼~ 울면 안 돼~'.

경상일보 | 2013.12.24.

›› 2014 동안거 해제법어

전국 총림과 선원들의 계사년 동안거 해제법회가 지난주 있었다. 동안거는 음력 10월15일부터 이듬 해 정월 대보름까지 장장 90일의 기간 동안 일체의 외부출입을 끊고 수행정진의 시간을 갖는 것을 말한다. 자연도 긴 겨울동안의 안거를 끝내고 봄을 태생시킬 준비를 하고 있다. 그러고 보니 입춘이 지난지도 보름째고 눈이 녹아 비가 된다는 우수도 지났다. 긴 눈 장마 끝에 햇살은 아장아장 대지로 스며들고 있지만 나뭇가지 사이를 살랑거리는 바람에는 아직도 냉기가 가득하다(春來不似春).

그러나 대자연의 순환을 뉘라서 거역할 것인가. 눈 녹은 물은 계곡으로 스며들어 점 점 더 세게 흘러갈 것이고 달빛은 밤새도록 봄 안개를 만들어 낼 것이다. 교태가 깔린 산새의 울음소리도 봄 안개를 타고 앞산에 메아리칠 것이고 산비둘기 울음소리도 더 길고 아늑히 퍼져나갈 것이다. 겨울 찬바람을 악착같이 버티고 살아남은 수양버들가지에는 어느새 수액이 돌아 보다 푸른빛으로 살랑

거린다. 봄 안개 속에서 산들은 한층 더 부드러운 곡선으로 다가온다.

한결 부드러워진 바람에도 흙냄새가 베었다. 가을이면 빨간 옻나무가 가득하고 5월이면 층층나무가 새하얀 꽃을 피우는 계명산천에도 곧 겨울 동면(동안거)을 끝낸 개구리 떼의 울음소리로 가득할 것이다. 한바탕 흔들림과 소란이 일고나면 산천에는 어김없이 새로운 생명이 탄생 할 것이다. 봄바람이 때로는 매섭게 부는 까닭도, 춘설에 나무들이 우는 까닭도 봄의 새싹을 틔우기 위한 마지막 산통일 것이다.

열흘후면 동면에 들어간 모든 동물들이 겨울잠에서 깨어나고 초목의 싹이 돋기 시작한다는 경칩이다. 혹독한 겨울동안 대자연의 안거는 성장을 멈추고 자신의 모자람을 갖추고 돌아보는 시간, 무잇인가를 정리하고 모든 생물을 보다 튼튼히 자라게 하는 자연의 방식이리라. 동안거를 끝낸 초목의 물관부에도 머지않아 수맥이 고동치며 생명의 새싹을 틔울 것이다.

최근 명상을 독려하는 기업체가 늘어나고 있다. 구글은 2007년부터 '내면 검색' 프로그램을 도입해 직원들을 대상으로 명상교육을 실시하고 있고 최근에는 직원들이 걸어 다니며 명상할 수 있는 미로(迷路)도 만들었다. 세계적 경매 사이트 이베이와 페이스북 등도 명상실을 운영하고 있다. 트위터 공동 창업자 에번 윌리엄스는 자신의 새 벤처기업에 정기적인 명상시간을 도입했다고 한다. 직원들이 명상을 통해서 자기내면을 검색하고, 이를 통해 모든 오류와 불안의 근원을 알아차리고 새로운 창의의 길로 나아갈 수 있다는 것을 이들 기업은 알아차린 것이다.

이런 변화는 정보기술(IT) 업체에만 국한되지는 않는다. 언론 재벌 루퍼트 머독을 비롯해 세계 최대 채권펀드인 핌코의 최고투자

책임자 빌 그로스는 정기적으로 명상을 즐기고 세계 최대 헤지펀드 브리지워터 어소시에이츠의 최고경영자(CEO) 레이 댈리오는 "명상은 다른 그 어떤 것보다 내 성공에 큰 영향을 미쳤다"고 말한다. 사실 명상(meditation)과 의학(medicine)은 어간(medi)이 서로 같다. medi는 '치료하다'라는 뜻이다. 결국 명상이란 극심한 생존경쟁으로 불안에 떨고 있는 사람을 치료해서 마음의 평정을 찾게 해주는 가장 효율적인 수단인 것이다. 신경과학자이며 심리학자인 스탠포드대학의 온스타인 교수, 현대의 성의라 칭송받는 하버드의대의 하버트 벤슨 교수는 일찍이 현대인의 질병을 예방하고 치료하는 약물은 인위적으로 개발할 수 있는 물질적인 것이 아니라 우리 자신이 가지고 있는 '마음'을 활용하는 것이라고 했다.

올해 동안거 해제를 맞아 조계종 종정 진제스님은 "참나 속에 영원한 행복, 대자유와 지혜, 모두가 평등한 참된 평화가 있다"면서 "온 인류가 생활 속에 꾸준히 참선수행을 닦아 행한다면 마음에 모든 분별과 시비 갈등이 사라지게 돼 자연히 마음이 안정될 것"이라고 강조했다. 계사년 올해 동안거 해제법어의 요지는 명상을 통한 내면검색이었던 것이다. 봄이 오는 길목이다. 동안거를 끝낸 자연이 변화된 모습으로 다가오는 시기다. 혹독한 겨울동안의 성찰을 통해 내면의 상처를 말끔히 씻은, 대자연이 탄생시킬 봄의 모습을 올해도 겸허히 지켜볼 일이다.

경상일보 | 2014.02.24.

›› 봄은 왔는데

사방천지가 봄이다. 눈부신 봄, 가슴 울렁거리며 읽었던 첫 사랑의 연서며 황홀했던 첫 키스의 추억, 청춘의 가장 아파했던 시절도 살구꽃 흐드러지게 피었다 눈꽃처럼 날리는 눈부신 봄이 아니었던가. 이유 없이 봄에 겪는 아픔, 이것을 우리는 봄을 탄다고 했다. 양지쪽에 다문다문 핀 제비꽃이 꽃샘추위에 몸을 떨 듯 청춘은 그렇게 봄을 탔다. 세월이 흘러 머리가 희끗희끗 중년을 넘어서고 있지만 아직도 나는 봄을 탄다. 봄을 타는 사람이 어디 필자뿐이겠는가.

목련꽃 그늘에서 베르테르의 슬픔을 읽는 이는 모두가 봄을 타는 사람이다. 보리개떡, 밀개떡으로 정녕 봄의 춘궁기를 겪은 세대들에게 복에 겨운 봄 타령을 하고 있는 것인지도 모르겠다. 눈물어린 무지개의 계절 춘궁기의 봄, 부모세대들이 겪었던 춘궁기의 봄은 확실히 잔인한 계절이었다. 그래도 그들에게는 사람 팔자 아무도 모른다는 군센 믿음이 있었다. 믿음 하나로 그들은 빈곤을 극복하고 춘궁기를 물리쳤다. 춘궁기가 사라졌는지도 반세기가 넘었는데 4계절 중 자살률이 가장 높은 계절이 봄이고 보면 봄은 아직도 잔인한 계절인가 보다.

복지 100조 시대를 바라보는 번영의 국가 대한민국의 봄은 아직도 절망과 탄식이 걷힐 줄을 모른다. OECD 자살률 1위의 국가 대한민국, 30대 어머니는 젖먹이 아이를 안고 뛰어내리고 노부부는 장년의 자식과 함께 지하의 단칸방, 때로는 차안에서 스스로 삶을 마감한다. 모두가 올해 봄에 일어난 일이다. 사람 팔자 아무도 모른다며 '봄처럼 새로워져라 / 봄처럼 부지런해라 / 봄처럼 꿈을 가져라'며 절망을 시린 가슴을 보듬어 주던 우리들의 어머니와 누이는 다 어디로 갔는가. '인간이 지은 죄 중에 가장 큰 죄는 희망을 잃는 것이며 / 신은 인간의 모든 잘못을 다 용서하지만 결코 용서할 수 없는 한 가지는 절망에 빠지는 것이다'라고 노래한 어느 시인의 이야기가 가슴에 아프게 와 닿는다. 희망이 없으면 절망이다. 목숨을 버릴 만큼 무서운 것이 절망임으로 신께서도 이는 용서하지 못한다고 했으리라.

취약계층에 대한 지원과 희망의 사다리가 절실한 시점이다. 새누리당이 올해 1월 말 사회적 취약계층의 일자리 창출을 위한 '사회적 경제 특별위원회'를 발족시켰다. 야권이 선점하는 사회적 기업, 협동조합 이슈에 대해 새누리당이 너무 좌쪽으로 가는 게 아니냐며 이념적인 색안경을 끼고 바라보는 시각도 일부 있지만 집권여당으로서 이 나라가 가야할 방향을 바로 집은 것 같아 다행스럽다.

여당은 지금보다 더 좌 클릭해야 한다. 우리사회가 처해 있는 심각한 양극화와 갈등잠재력을 이해할 때 그렇다. 역사적으로 보면 양극화의 심화는 경제구조의 변혁을 요구하고 나아가 사회의 체제변화를 요구하기도 한다. 아니 이미 우리사회 체제변화에 대한 요구는 이미 거대한 세력을 형성하고 있다고 봐야 한다. 경제적 계층갈등이 표면적으로는 정당간의 갈등, 노사 간의 갈등 정도로 비춰지지만 저변에는 체제변혁을 요구하는 세력들의 집요하고도 고도의 전략이 깔려있음을 간과해서는 안 된다.

야당 역시 지금보다 더 우 클릭해야 한다. 그렇지 않으면 야당을 종북좌파로 낙인찍는 극우 세력은 늘어날 수밖에 없다. 선거 때마다 표면화되는 세대 간 이념갈등도 경제적 계층갈등이 다양하게 변형되어 나타난 결과다. 이러고서야 어찌 신뢰와 소통의 사회를 기대할 수 있겠는가. 보편적 복지냐 선택적 복지냐 이 원수의 복지 타령은 이제 접어야 한다. 여당은 좌로 야당은 우로 한발 전진한 모습이 진정한 진보의 모습이다. 여야 정치권이 진정한 진보의 모습을 보이지 않으면 우리사회 취약계층에 있어 봄은 영원히 잔인한 계절일 수밖에 없다.

봄은 결코 절망의 계절일 수 없고 만물이 소생하는 희망의 계절이어야 한다. 취약계층에 자력구제의 기회를 제공함에 있어 여당의 '사회적 경제 특별위원회'에 거는 기대가 크다. 사회적 기업과 협동조합을 아낌없이 지원하고 육성하여 취약계층에게 희망의 사다리를 제공하기를 바란다. 봄은 왔는데 이 봄이 잔인해서야 되겠는가. 봄은 모든 이의 꿈이 환하게 피어나는 계절이어야 한다.

경상일보 | 2014.03.25.

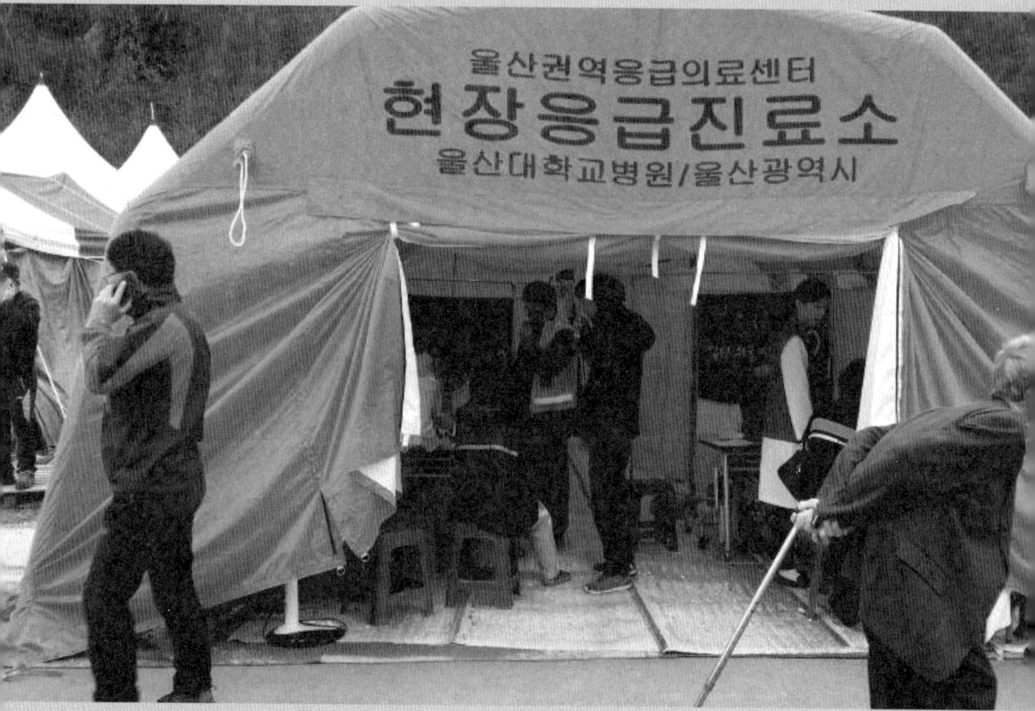
울산권역응급의료센터
현장응급진료소
울산대학교병원/울산광역시

›› 봄날은 간다

봄날은 간다. 덧없이 간다. 연분홍치마 봄바람에 휘날리며 옷고름 물고 넘던 성황당 길에도 봄날은 간다. 꽃 피면 같이 웃고 꽃 지면 같이 울자던 내던져진 실없는 기약의 꽃 편지와 함께 봄날은 간다. 떨어진 꽃잎이 물위에 흘러가듯이 백설희의 봄날은 이렇게 간다.

아직도 촉촉하게 젖은 눈을 너는 찾지 못했느냐 / 하얀 찔레꽃이 진다 / 지는 찔레꽃잎을 따라 어둠 속을 향해 가는 우리들의 손은 얼마나 짧으냐 / 하얗게 기운 너의 한쪽 어깨가 어둔 강물에 젖는다 / 인생은, 사랑은, 때로 너무 쓸쓸해서 더는 걸을 수가 없구나 / 중략 / 울지 말거라 / 울지 말거라 / 꽃이 지는 찔레나무 찔레꽃 하얀 꽃 덤불처럼 가는 봄날을 울지 말거라. <김용택 찔레꽃 덤불>

울지 말거라, 울지 말거라 시인은 끊임없이 우리들의 어깨를 토닥거리지만 우리는 자꾸 눈물이 난다. 어찌 우리만 울겠는가. 산도 울고 땅도 울고 하늘도 운다. 눈물도 말라버린 이 봄, 가는 봄이 어찌 이리도 아픈가. 두 눈 뻔히 뜬 채로 우리는 꽃 같은 아이들을 잃었다. 1주일 내내 울었다. 전 국민이 울었다. 봄을 보내는 아쉬움과 그리움의 눈물이 아니라 절망과 탄식과 분노의 눈물이었다. 아아 69세 스페어 선장과 26세 3등 항해사가 운행하는 재난안전 3등 국가, 부끄럽다 그리고 미안하다. 정말 미안하다. 선장 할아버지도, 항해사 삼촌도 떠나버린 깜깜한 선실에서 그래도 너희들은 미안하다 말했지, 사랑한다 말했지. 하나 뿐인 생명줄을 친구에게 양보했지. 선생님 조끼 입으셨나요? 절체절명(絶體絶命)의 순간에도 인간의 아름답고 숭고한 면을 보여준 너희는 우리 곁에 온 천사였구나. 마지막 순간까지 희망의 끈을 결코 놓지 않겠다. 아 아 어여쁜 꽃, 너희가 재잘거리던 교정에 라일락은 이제 막한창인데.

통곡의 팽목항, '아빠 나 아직 구명조끼 못 입었어' '하나뿐인 내 새끼 살려주세요' 망연자실 바다만 바라보며 절규하는 모진 생명들. 눈앞에서 죽어가는 자식을 바라보는 아픔은 단장(斷腸)의 아픔이다. 창자가 토막토막 끊어지는 단장의 아픔. 비슷한 예로 창자가 끊어진 채 죽은 어미 원숭이의 고사를 예로 들지 않더라도 실제로 그렇다. 위에 구멍이 나서 피를 토하기도 한다. 급성 스트레스로 인한 감정반응 즉 불안, 우울, 분노는 뇌를 자극해서 스트레스 호르몬과 여러 다른 화학적 성분들을 분비시키고 이들이 작용하여 원활한 혈액 순환을 방해한다. 그 결과 내장기능을 변화시키고 심리적 변화를 야기하여 자기방어기능을 약화시키거나 상실시킨다. 궁극적으로 생체의 균형을 깨뜨림으로써 내장을 비롯한 조직의 손상을 일으키는 것이다.

국내 한 조사에서도 내과계 입원 환자들의 약 70%이상이 스트레스로 인해 발병된 질환이거나 악화된 질환이었다. 스트레스는 신체 증상뿐만이 아니라 불안장애, 우울장애, 적응장애, 급성 정신병, 자살시도 등을 일으킨다. 성한 몸, 성한 정신으로 어찌 살겠는가. 침몰한 세월호에서 구조된 뒤 죄책감으로 스스로 삶을 마감한 단원고 교감선생님의 안타까운 예가 있지 않은가. 생존자뿐만이 아니라 희생자와 실종자 가족들에 대한 국가적 차원의 건강관리 대책이 시급하다. 내과적 진료는 물론이고 일차적으로는 심리상담치료사를 전원 투입해서라도 일대일 심리치료를 서둘러야한다. 이는 응급을 요하는 사항이다. 이보다 심각한 스트레스가 또 있겠는가. 이들의 건강은 국가가 반드시 지켜내겠다는 약속을 해야 한다. 일시적 의료제공이 아니라 이들만을 위한 평생건강관리시스템을 구축하여 이를 국가가 정기적으로 제공해야한다. 어른들의 잘못으로 죽어가면서도 사랑을 실천했고(愛之實踐), 살아있는 부모와 형제를 걱정했던 우리 곁에 온 천사들의 가족이기 때문이다.

아 아 봄날은 간다. 봄날은 가고 또 오겠지만 그들이 미처 부치지 못한 편지를 우리는 잊어서는 안 된다. 사랑해 / 미안해 / 아니야, 내가 미안해 / 그리고 미처 부치지 않은 편지(정호승). 중략. 너희 눈물 이제 곧 강물되리니. 너희 사랑 이제 곧 노래되리니. 산을 입에 물고 나는 눈물의 작은 새여. 뒤돌아보지 말고 그대 잘 가라. 꽃잎처럼 흘러흘러 그대 잘 가라. 그대 잘 가라.

경상일보 | 2014.04.24.

》 오월의 노래

청보리 익어가는 오월의 들녘, 뉘 불러 뒤돌아보면 아무도 보이지 않고 노을 진 저녁 빈 하늘만 눈에 차오는 오월의 보리밭. 오월의 노래 보리밭도 오늘은 잿빛이다. 따스한 햇살 가르마 같은 논길따라 불렀던 민족시인 이상화의 노래(빼앗긴 들에도 봄은 오는가)도 잿빛이고, 오월 광주의 노래 또한 잿빛이다. 내가 아는 오월의 노래는 온통 잿빛이다. 들려오는 노래뿐만이 아니라 보이는 대한민국 오월의 산천 역시 모두가 잿빛이다. 사람이 기막힌 일을 당하게 되면 세상은 샛노래지고, 막막한 상황에 부딪히면 새까매진다. 좌절과 패배, 살아남은 자들의 죄책감 등등 슬프고 우울하면 세상은 잿빛이다. 감정은 이렇게 사물을 경험하고 그에 반응하는 방식을 결정한다. 신록은 점점 넓어지고 짙어만 가는데 부서지는 햇살이 오히려 시리고 아프게 느껴지는 오월이다. 자연의 호흡은 점점 가빠져 아침에 틔운 새싹이 저녁이면 어느새 연한 초록색의 사람으로 치면 어엿한 청년으로 변해 있다. 이렇게 숲은 매일 매일 새로워지고 있다. 자연계의 무질서도(entropy)는 증가하는 방향으로 흐른다는 열역학 제4법칙을 다시 한 번 확인하는 오월의 정점이다.

무질서가 정점에 도달하면 새로운 질서가 탄생한다. 무질서의 정점에 생겨나는 새로운 질서, 이것이 어떠한 모습일지 우리는 상상만 할 뿐 아무도 모른다. 올해는 어떤 열매를 맺을지, 잎을 모두 떨군 겨울 나목의 모습은 또 어떠할지. 무질서도가 점점 증가하는 혼돈의 과정은 자연계에서는 새로운 질서의 탄생을 위한 필수과정이다. 그러나 이 혼돈의 과정에는 수많은 돌봄이 필요하다. 돌봄이 없이 생겨나는 새로운 질서는 우리가 바라는 것이 아닐 수도 있기 때문이다. 그래서 매일 매일 잡초도 뽑아야 하고 고춧대도 세워야 하고 촘촘한 새싹도 솎아 줘야한다.

무질서를 향해가는 자연의 법칙은 인간이 살아가는 우리사회에도 똑 같이 적용된다. 매일 매일 혼돈의 연속이고 무질서도는 점점 늘어만 가는 것이 우리사회의 현실이다. 무질서의 정점에서 새로운 질서가 생겨나겠지만 돌봄이 없이는 우리가 원하는 새로운 질서를 기대할 수 없다.

미국 미네소타 대학의 여성 정치학자 조안 트론트는 “민주사회의 중심에 ‘돌봄’이 자리해야 한다”고 강변한다. 인간이면 누구나 늙고 병들어 누군가의 보살핌을 받아야하기 때문이다. 그는 그의 저서 <돌봄 민주주의>를 통해 돌봄이야말로 자유, 평등, 정의의 기본정신을 가장 잘 구현하고 있다고 말한다. 우리는 모두 돌봄의 주체이기도 하지만 돌봄의 대상이기도 하다. 자유롭게 돌볼 수 있는 자유, 보살핌을 받을 수 있는 기회의 평등, 그리고 어려운 사람을 돌본다는 것은 얼마나 정의로운가.

현재 대한민국은 OECD 국가 중 자살률 1위다. 노인 청소년 할 것 없이 1위다. 그리고 우리나라 노인은 마지막 10년의 절반을 앓다가 삶을 마감한다. 어린이와 노약자, 환자, 장애인 등은 모두 우리가 보살펴야 할 돌봄의 대상이다. 돌봄의 대상은 앞으로도 점점 늘어만 갈 것이다. 조안 트론트의 '돌봄 민주주의가' 설득력 있게 다가오는 대목이다.

대통령도 울어버린 오월이다. 녹음은 짙어지고 점점 넓어져 가는데 땅도 울고, 산천도 울고, 하늘도 울어버린 대한민국의 오월은 아직도 온통 잿빛이다. 국가개조론이 설득력을 지닌 채 다가온다. 국가가 확 달라져야함은 분명하다. 그러나 더 이상 대통령이 국민 앞에서 울지 않는 나라, 삼천리 금수강산 오월의 하늘이 잿빛이 아니고 장밋빛으로 빛나는 새로워진 나라는 국가의 힘만으로는 안 된다. 돌봄이 없이는 어렵나. 혼돈과 무질서의 정점에서 새롭게 탄생되는 질서가 사람 사는 세상, 사람 냄새나는 세상, 보다 자유롭고 정의롭고 행복한 세상 이길 바란다면 국민 각자가 돌봄의 주체가 되어야한다. 모든 돌봄을 국가가 한다는 것이 불가능하기 때문이다. 돌봄이야말로 새로운 국가, 달라진 세상을 만드는 가장 효과적인 수단임을 믿어 의심치 않는다. 국민 모두가 돌봄의 주체가 되어 새로워진 세상을 만들어야한다. 그래서 내가 듣고 싶고 부르고 싶은 오월의 노래는 어릴 적 어머니가 불러줬던 '돌봄의 노래'며 밝고 경쾌한 '희망의 찬가'다.

경상일보 | 2014.05.27.

>> 우중(雨中) 연못가에서

연잎 한창인 울산대공원 윗갈티 못에 비가 내린다. 신록 가득한 사방 숲속에는 박새가 재잘거리고 가끔씩 까치가 추임새를 넣는다. 바람이 지날 때마다 나뭇잎에 맺힌 빗방울들이 후두둑 후두둑 떡갈나무 잎들을 마치 고수(鼓手)가 북을 치듯 때린다. 가만히 귀 기울이면 이들이 내는 소리의 고저장단은 영락없는 판소리의 가락이다. 환청처럼 들려오는 판소리 열두마당, 자연이 뿜어내는 득음의 소리다. 빗방울이 굵었다 가늘었다, 느렸다 빨랐다를 반복하며 연잎을 때릴 때마다 득음한 자연의 소리는 웅장하고 호탕한 우조(羽調)의 진양조장단이 되기도 했다가 어느새 중모리 중중모리 자진모리를 거쳐 휘모리로 숨가쁘게 달려간다. 심청이 인당수에 몸을 던질 때 나오는 장단이 휘모리장단이다. 빗줄기가 가늘어지고 멀리서 뻐꾸기 우는 소리에 산비둘기 소리까지 어울려지면 자연의 가락은 어느새 계면조(界面調)로 변한다. 춘향이 옥중에서 이도령을 그리워하며 애절하게 부르는 옥중가가 계면조다.

성호 이익(李瀷)은 "계면이라는 것은 듣는 자가 눈물을 흘려 그 눈물이 얼굴에 금을 긋기 때문에 붙여진 이름이다."라고 설명하였다. 무성한 연잎 위에 후드득 후드득 빗방울 떨어지는 우중 연못가에서 멀리 들려오는 뻐꾸기 우는 소리와 산비둘기 우는 소리를 들어보라. 영락없는 판소리 계면조다. 새들과 연(蓮)과 빗방울이 만들어내는 득음의 소리, 초하의 계절에 비가 주는 또 하나의 선물이다.

연은 흙탕물에 살지만 잎사귀는 항상 깨끗하다. 빗물이 흡수됨이 없이 그냥 주르르 흘러내리면서 잎에 묻은 먼지나 오염물을 쓸어내기 때문이다. 이와 같은 연잎의 자기정화 현상을 연잎효과(lotus effect)라고 한다. 크기가 수백나노미터 정도의 작은 돌기가 잎의 표면에 나 있어 이와 같은 현상이 생기는 것이다. 연잎효과를 제품에 적용하여 상용화한 것이 건물외벽에 바르는 자기정화 페인트다. 2008년 10월 스페인에서 열린 세계자연보전연맹(IUCN)대회에서 자연의 100대 혁신기술(Nature's 100 best)이라 불리는 보고서가 발표되었는데 이것은 자연계의 생물로부터 영감을 받거나 창조적으로 모방한 혁신기술을 선정한 것이다. 여기에 따르면 10년 안에 100가지의 혁신기술로 1억 개의 일자리가 생긴다는 것이다. 얼마나 가슴 뛰는 청사진인가. 자연의 지혜로부터 얻어낸 기적 같은 결과, 이것이 바로 박근혜정부의 창조경제의 비전이 아닐까. 이것은 창조적 인재의 육성 없이는 불가능하다. 창조적 인재가 만들어낸 혁신기술하나가 수천, 수 만개의 일자리를 만들고 수백만 명을 먹여 살린다는 사실은 굳이 그 예를 들지 않아도 우리는 잘 알고 있다.

6 · 4 지방선거에서 당선된 진보 교육감 13명의 자사고 폐지, 혁

신학교 확대 등 공동 공약에 대한 논란이 계속되고 있다. 대학 서열화가 바뀌지 않는 이상 초·중·고 교육 정상화가 어렵다는 구실을 내세워 대학을 평준화해야한다는 소리도 들린다. 이미 필자가 조선일보(2008.6.10)칼럼을 통해 밝혔듯이 경쟁을 배제한 교육은 퇴보한다. 선(善)을 행할 수 있는 올바른 인격체의 양성은 모든 교육주체(가정과 학교 등)의 본질적 목표이고 학교는 이 본질적 목표를 지향하면서 동시에 창조적 인재를 길러 내야한다. 교육에서의 퇴보는 인재육성의 실패, 즉 인적자원의 개발이라는 최고의 부가가치 생산을 포기하는 것을 의미한다. 1971년 대다수 대학을 평준화한 프랑스는 2012년 OECD 국제학업성취도평가(PISA)에서도 교육의 질과 학교 발전 항목에서 하위 그룹에 속했다. 청년실업률은 25%로 EU 내 최고다. 진보교육감들의 공약대로라면 유럽식 대학입학자격고사가 도입되고 서울대 폐지를 통한 대학 평준화가 된다. 대학의 평준화는 교육에 있어 경쟁을 배제하겠다는 발상이다. 이렇게 해서는 다양하고 특성화된 인재를 길러낼 수 없다. 무성한 연잎위로 비가 내린다. 빗물이 고이면 연잎은 고개 숙여 주르르 빗물을 흘러 보낸다. 빗물이 씻어낸 연잎의 잎맥줄기는 섬섬옥수의 정맥처럼 선명하다. 연잎효과를 발견하고 원리를 밝혀낸 인재, 교육은 이와 같은 창조적 인재를 길러내야 한다.

경상일보 | 2014.06.26.

›› 성하(盛夏)의 들녘

마른 장마 속에 가끔씩 비가 내려 반갑다. 그래도 한낮은 30℃를 오르내리는 성하(盛夏)의 계절이다. 숨숨이 익어가는 들판은 부서운 인내 속에서 고통스런 한낮의 열기를 끈질기게 견뎌가고 있다. 풍성한 고달픔으로 가득한 성하의 들녘, 연초록 콩잎을 눕히며 지나가는 여름 바람이 여울진 개울의 물결처럼 도도하다. 여름 들판은 어린 시절 그때나 지금이나 변함이 없다. 덕지덕지 모자이크 조각 같은 논 밭 뙈기들이 모여 만든 내 유년의 들판, 솎아도 솎아도 푸른 새싹들이 벅차게 아우성을 치며 올라오던 내 유년의 들녘은 모두가 옥토였다. 뉘엿뉘엿 햇덩이가 떨어지고 저녁 어스름이 내려오기 시작할 즈음이면 대바구니 가득 콩잎, 깻잎, 호박잎, 풋고추 특히 호박 덩쿨의 끄트머리에 매달린 애호박을 따던 그때의 행복감을 잊을 수가 없다. 행복은 이들이 만들어 내는 맛있는 저녁식사를 예견했음일까. 달린 것이라면 무엇이든지 필요이상으로 채취했던 철없는 물욕은 우리들의 DNA에 감춰진 생존의 욕구였을까.

멀리 산 그림자가 길어지고 느리게 느리게 저녁 짓는 연기가 피어오르면 우리들은 하나 둘 집으로 모여들었다.

필자의 고향은 울주군 온산면 당월리다. 온산읍 삼평들을 감싸고 흐르는 회야강 하류, 국난이 닥칠 때마다 봉화가 피워 올랐다던 온산읍 우봉리 봉화산기슭 멀리 남쪽 평지에 동해를 바라보고 자리 잡은 600여 호의 제법 큰 마을이었다. 지금은 온산공단에 편입되어 동해 바다의 푸른 물결을 제외하고는 옛 모습은 흔적도 없이 사라졌다. 동이 터올 무렵이면 포구에는 언제나 갈매기 떼가 날아들었고 별이 쏟아지는 밤에는 동해바다의 남몰래 드나들던 물결소리로 가득했다. 진실로 서글픈 고향이 흔적도 없이 사라진 지금은 좋은 세상인가 모진세상인가 되새기면 되새길수록 가슴이 쓰리고 아파오는 성하의 들녘, 한여름 잡초처럼 피어오르는 통한의 상념을 접고 다시 들판을 걷는다. 고구마 덩굴은 어느새 어지러이 밭고랑을 메우고 밭을 맨 흔적도, 밭을 매는 아낙도 없는 무성한 콩밭에는 잡초하나 없다. 모질게 생명을 영위하는 칡덩굴 찔레덩굴이 어우러진 덤불사이로 뱁새들은 끊임없이 퍼덕거리고 재잘거린다. 어머니의 손길만 닿으면 무엇이든지 무성하게 올라오던 내 유년의 들녘, 한 여름 어머니의 들판은 아무리 뽑고 따내도 내일이면 다시 풍성해졌다. 언제나 흰 수건을 머리에 쓰고 쪼그리고 앉아 밭을 매다가도 우리만 나타나면 수건을 벗어 우리들 얼굴을 닦아주던 어머니, 그 수건에는 항상 어머니의 땀 냄새가 배어있었다. 어머니의 젖 냄새 같기도 했던.

잎사귀 채소의 섭취가 대장암과 위암 그리고 심혈관 질환의 발생은 물론이고, 심혈관 질환으로 인한 사망을 줄인다는 것은 익히 알고 있는 사실이다. 가장 최근에는(2014.7.10.) 잎사귀 채소의 섭취가 위암 대장암뿐만 아니라 비인후계통의 암을 무려 40%까지 줄인다는 연구결과가 국제 학술지(SCI)에 게재되었다. 그러나 흡연자의 경우에는 심혈관질환 예방효과가 거의 없는 것으로 조사되었다. 이는 흡연의 해악이 잎사귀 채소의 유익함을 상쇄시켰기 때문이다. 현재 우리나라 국민의 사망률은 암이 1위이지만 단일질환으로는 심혈관 질환이 1위다. 그 중에서도 심근경색은 제 때에 치료를 받지 못하면 사망하거나 평생 장애를 안고 살아가야 하는 질환이고 암이나 뇌졸중이 발생하면 가족 모두가 고통의 수렁으로 떨어진다.

잎사귀채소의 섭취가 많을수록 이들 질환의 예방효과는 더 커지는 것으로 조사되었다. 여름은 야채의 계절이다. 밥솥 한켠에서 쪄진 '빽빽장'과 호박잎, 삭힌 콩잎과 열무김치는 우리 여름 만찬의 단골 메뉴였다. 담장의 그림자가 길어져 마당을 가릴 즈음 '덕시기'(멍석) 위 앉은뱅이 밥상에 둘러앉아 먹었던, 매일 먹어도 질리지 않던 우리들의 여름 만찬은 많은 세월이 지난 지금은- 최근 연구 결과가 아니어도- 그것이 건강식이었음을 우리는 잘 알고 있다. 어머니의 노고로움으로 늘 풍성했던 성하의 들판이 바로 우리 건강의 원천이었던 것이다.

경상일보 | 2014.07.21.

›› 녹음 속에서

연 이틀 내린 비가 한 낮의 노염(老炎)을 날려버렸다. 지나가는 바람은 이미 상당부분 물기를 잃었고 조석으로 와 닿는 공기는 곧 차가워질 계절의 예감을 품었다. 건조한 공기가 가져다주는 쾌감 때문인지 행인들의 발걸음은 가벼워졌고 얼굴에는 사뭇 행복감에 젖었다. 한 낮 매미의 울음소리도 한 옥타브 높아졌다. 인간이 행복감을 느낄 때는 종족유지 혹은 생존에 도움이 될 때라고 한다. 폭염에는 고통을, 선선한 공기에는 행복감을 느껴야 우리는 폭염으로부터 생명을 지켜낼 수 있다. 겨울에는 반대로 따뜻한 난로가에서 행복감을 느낀다. 우리 유전자가 그렇게 인식하도록 설계되어있고 그래서 인간은 행복을 좇아 생명을 유지하고 종족을 보존한다.(서은국, 행복의 기원. 21세기 북스) 즉 행복은 목적이 아니라 삶을 유지하기 위한 수단인 셈이다.

그러고 보니 입추가 지난지도 벌써 보름째다. 뉘라서 절기를 속일 것인가. 곡식들은 어느새 씨앗을 품었고 옅은 구름이 여울처럼 흘러가는 비 개인 하늘은 한층 더 높아졌다. 들판을 가로 질러온 물기 잃은 바람이 사라지는 숲속에는 얼마 남지 않은 시간을 예견이라도 한 듯 풀벌레들의 울음소리는 커져만 가는데 녹음은 아직도 지칠 줄을 모른다. 한여름 녹음으로 치면 전국에서 울산만큼 울창한 곳도 드물 것이다. 동서남북으로 무룡산, 가지산, 대운산, 함월산 등등의 산야가 도심에 인접해 사시사철 녹음을 선사한다. 40년 전만하더라도 우리나라는 전체 산야의 70%이상이 민둥산이었다. 울산도 마찬가지였다. 그러던 것이 40년이 지난 지금은 온 산야가 울울창창(鬱鬱蒼蒼) 산림으로 가득하다. 국제연합식량농업기구(FAO)는 우리나라의 성공적인 녹화를 가리켜 제2차 세계대전 이후 개발도상국 중 최단기간에 산림녹화를 이루어낸 홍일점 국가로 인정하고 있다.

녹화에 성공한 홍일점의 국가, 그러고 보니 사방 우거진 녹음 속에 홍일점 백일홍이 만개했다. 녹음 속 홍일점은 잠깐 피었다 지는 벚꽃과 달리 봄이 다 가고 나서야 느리게 잎을 틔우고 한여름 녹음의 정점에서 꽃망울을 터뜨린다. 백일홍이 지면 녹음도 진다. 그래서 백일홍의 꽃말은 "떠나간 친구를 그리워하다"이다. 여기저기 덩실 덩실 청사초롱 불 밝히듯 백일홍이 피었다. 사랑하는 사람을 기다리다 죽은 처녀의 무덤가에서 피어나 백일 후에 만나자는 약속 때문에 백일 동안만 피었다 진다. 그래서 백일홍이다. 이들의 애절한 사연을 알기라도 하듯 건조한 바람이 가지를 스칠 때 마다 녹음 속 풀벌레가 운다.

푸르고 울창한 녹음 속에 사는 것은 전반적인 신체 건강뿐만 아니라 치매 증상을 완화해 준다. 그동안 진행된 연구결과를 종합분석한 보고서(2014.5, 미국 엑시터대학 연구팀)에 따르면 도시에서 사는 치매 노인보다 자연(녹음)과 함께 생활하는 치매 노인의 기억력이나 인지기능 회복이 더 나은 것으로 나타났다. 이에 대해 연구팀은 자연 속에서 사는 것이 신경변성질환과 관련 있는 증상을 줄이는 데 도움을 준다고 전했다. 자연에서 사는 것이 긴장을 완화하고 신체 컨디션을 증진시킨다는 것이다. 이 연구결과는 '미국의사협회지'에 실렸고 사이언스월드 리포트가 보도했다. 참고로 전국에서 산림훼손이 가장 심각한 경기도내 치매환자 발생이 전국 1위다. 반대로 치매환자수가 가장 적은 곳은 울산이다. 산림을 지키고 가꾸는 일은 아무리 강조해도 지나침이 없다.

국토의 생태적 안정이 곧 국민건강과 행복으로 직결되는 것이다. 대한민국 산림녹화의 성공을 일부에서는 한강의 기적으로 일컬어지는 경제기적보다도 더 큰 의미를 부여하기도 한다. 대한민국의 산림녹화는 또 하나의 기적임에 분명하고 그래서 세계의 자랑거리가 되고 있다. 한여름의 찌꺼기를 말끔히 씻어버린 폭우가 멈춘 사이 어둑어둑 저물어가는 녹음사이로 한 떼의 물오리들이 날아오른다. 새들도 한여름의 더위를 식히는 듯 울음을 멈추었다. 녹음 속 홀로 붉은 백일홍이 덩이덩이 어둠을 밝힌다.

경상일보 | 2014.08.20

>> 임을 위한 행진곡

순환을 멈춘 채 허무하게 누워있는 텅 빈 들판, 그 위를 가로 질러 습기 잃은 바람이 지난다. 바람이 지날 때마다 처량한 가을의 잔해들이 도망치듯 굴러간다. 앙상한 나목들이 소리를 치며 몸을 비빈다. 봄에의 믿음 하나로 나목들은 또 그렇게 겨울을 견딜 것이다.

장장 6개월을 끌어온 울산대학교병원 노사임금교섭이 극적으로 타결되면서 파업위기를 넘겼다. 온갖 구호가 적힌 벽보로 병원 광장을 도배했던 황량한 풍경의 일각(一角)들이 말끔히 제거되었다. 점심시간마다 울려 퍼지던 노조의 진군가도 멎었다. 막강(?) 울산대학교병원 노조가 잠시 진군을 멈춘 것이다. 잠정 합의안으로 조합원 최종 투표를 남겨놓고 있기는 하지만 반가운 일이 아닐 수 없다. 노사 교섭당사자들에게 지면을 빌려 그간의 노고에 경의와 감사를 표하고 싶다. 이제는 조합원이 투표를 통해 압도적으로 노사 합의안을 수용함으로써 병원파업이 철회되기를 기대한다. 병원의 파업은 여타 사업장의 파업과는 달리 파업 즉시 환자들에게 피해가 돌아간다. 또 환자들이 병원에 등을 돌리게 되고 한번 등 돌린 환자는 여간해서 다시 돌아오지 않는다. 환자가 줄면 병원 경영이 어려워지는 것은 당연한 이치다. 환자가 병원에 등을 돌리는 이유는 크게 두 가지다. 실력이 없거나 병원구성원들이 환자에 대한 소명의식이 결여되었을 때다. 우리 모두는 개인적으로 원했기 때문에, 선택했기 때문에 각자가 크고 작은 직장에서 일하고 있다. 하지만 그것은 천부적인 당연한 권리가 아니기 때문에 소명(vocation)이라고 볼 수 있다. 직장에서 일하는 것을 천부적인 권리로 당연하게 여기는 것은 오만이고 여기서 원망과 불평이 싹튼다. 당연한 권리로 착각하여 환자에 대한 소명의식이 결여되면 병원은 살아남을 수 없다. 도태된 많은 병원들의 사례가 그렇다.

긴 동토의 겨울이었다. 순수한 소명과 신성한 의무감으로 우리 함께 하나가 되었던 때가 있었다. 추위와 어둠을 딛고 우리를 무자비하게 하나 되게 했던 것은 바로 '임을 위한 행진곡'이었다. 그 시절 처절하고 애처로운 우리들의 자화상은 그 노래에 모두 녹아 있었다. 사랑도 명예도 이름도 남김없이 다 함께 나가자며 우리가 불렀던 진군의 노래는 정의의 깃발들이 모진 바람에 사정없이 찢어지며 내는 눈물이었고, 그 어떤 노래보다도 높은 옥타브의 절규였다. 그때 우리가 불렀던 우리들의 님은 자유를 잃고 신음하는 이 나라 민초들이었고 권리를 박탈당한 노동자였다. 지나가던 시민들이 박수를 쳤고 눈물을 닦았다. 감히 누가 그 처절한 절규에 대한 화답을 외면할 수 있었겠는가. 30여년이 지난 지금 대한민국 광장에서 들려오는 '임을 위한 행진곡'은 가짜다. 가사와 리듬, 어느 것 하나 달라진 것이 없지만 애절함과 처절함이 베어나지 않으므로 가짜다. 애절함이 없으면 절규일 수 없고 처절함이 없는 깃발은 깃발이 아니다. 정규직 노조가 결코 사회적 약자일 수 없는 지금의 대한민국 현실에서 아무리 비장한 창법으로 진군가를 불러본들 거기에는 처절한 절규가 베어날 수 없다. 그러므로 어느 누구하나 박수치지 않는 것이다. 병원의 모든 광장은 질병으로 고통 받는 환자들의 힐링 공간이다. 그 어떤 권력으로도 이들의 공간을 침해해서는 안 된다. '나의 권리 행사를 위해 남의 자유를 침해해서는 안 된다'는 인류보편의 원칙을 훼손하고서는 사람 사는 세상을 만들겠다는 모든 발전논리는 거짓이 되고 만다. 어렵게 마련한 노사잠정합의안을 울산대학교병원의 모든 직원들이 흔쾌히 수용해주기를 바라는 또 하나의 이유다.

매몰차게 맑은 겨울하늘 아래로 들녘에는 어느새 서리가 내렸다. 바람이 지날 때마다 낙엽을 끝낸 나목들이 비명을 지른다. 그러나 봄에로의 희망은 결코 버리지 않았을 터, 그래서 물관부엔 힘차게 수분이 순환할 것이다. 꿈이 없는 무력감으론 겨울을 이겨낼 수 없다. 인간과 조직을 한없이 갉아먹는 암 덩어리, 신께서도 결코 용서할 수 없는 것은 절망에 빠지는 것이라고 했다. 상처를 치유하고 어려움을 견뎌 내는 힘은 바로 희망이다. 이 겨울 내가 갖는 희망은 신성한 사명감과 공공의식으로 무장한 노조의 진군을 보고 싶은 것이다. '80년대 민주화운동을 이끌었던 그때의 흔들림 없는 신념과 결기와 강단으로 질병으로 고통 받는 환자들의 광장을 지켜내기 위한, 자본의 무지막지한 탐욕으로부터 이들을 지켜내기 위한 가짜가 아닌 진짜 '임을 위한 행진곡'을 듣고 싶은 것이다.

경상일보 | 2014.11.20.

›› 교육에서 평등의 의미

대부분 대학에서 2006년도 신입생 선발이 끝나고 1학기 강의가 시작되었다.

교육인적자원부는 2006년 대학입시 논술시험에서 울산대를 비롯한 고려대 서강대 이화여대 중앙대 한국외국어대 등 6개 대학에서 교육부가 제시한 논술시험 가이드라인을 위반 했다며 개선을 요구했다고 한다.

가이드라인을 어길 경우 학생정원감축과 학생모집 정지, 예산지원액 삭감 등 교육당국의 강력한 행정·제정적 제제를 받게 된다고 한다.

대학에서는 변별력을 높이기 위해 출제했다고 한다. 한국외대는 대학의 특성을 살리기 위해 외국어로 답안을 작성하라고 한 것이 가이드 라인에 위반되어 앞으로는 외국어 대학에서 외국어로 문제도 출제 할 수 없다고 한다.

필자가 초등학교시절에 일제고사라는 시험이 있었다. 한번은 사회과목시험에서 필자가 속한 학급의 60여명의 학생 중 20명 가까운 학생이 만점을 받았는데 필자도 그 중의 한 명으로 교장선생님으로부터 사회과목 전교일등상을 수상한 기억이 난다.

세월이 훨씬 지난 지금 학생을 가리켜야 하는 소명(vocation)을 가진 교사의 신분에서 보면 그 시험은 전교1, 2등을 가려내어 시상하는 시험으로서는 변별력을 상실한 시험이었던 것이었다.

교육은 누구나 다 받아야 하고 또 누구나 혜택을 누릴 수 있다는 점에서 원초적으로 평등성을 지니지만 교육을 받은 후에 그 결과는 반드시 차등이 생길 수밖에 없다.

이 것이 바로 교육이 태생적으로 지닌 양면성이다. 교육에 있어서 평등과 차등의 양면성은 절대로 분리할 수도 없고 교육받는 한 어느 누구도 그 결과의 차등으로부터 벗어 날 수도 없다.

그렇다면 어떻게 교육의 결과를 평균적으로 향상시키고 점점 또 향상시킬 것인가가 문제인데 여기에 대한 해답은 경쟁을 통해서다.

어느 시대 어느 사회나 경쟁을 통해서 높은 수준에서 더 높은 수준으로 이끌어 왔던 것이었다.

대학에서 신입생을 선발하는데 변별력이 떨어지면 중등교육에서 경쟁은 둔화될 수밖에 없다.

경쟁을 교육에서 배제하면 교육은 퇴보한다.

교육에서의 퇴보는 인재육성의 실패, 즉 인적자원의 개발이라는 최고의 부가가치의 생산을 포기함을 의미한다.

최고의 부가가치의 생산을 포기한 사회가 어떻게 선진국에 도달

할 수 있으며 국가 간 무한경쟁의 시대에서 살아남을 수 있겠는가?

필자는 오늘 우리의 위정자 및 교육당국자들이 교육의 특성을 잘못 이해하고 있어서 이런 문제가 발생했다고 생각하지 않는다.

정말로 우려되는 것은 이 정권 들어서 점점 목소리가 높아지고 있는 대중선동적인 평등주의가 교육에도 스며든 결과라고 생각하기 때문이다. 자유민주주의사회는 자연성에 순응하는 속성이며 인위적인 통제와 조작을 싫어한다. 자연에서 일어나는 모든 사건의 결과는 독특하고 다양하다.

또한 차등과 평등의 양면성도 불가피하게 존재한다. 자유민주주의사회에서의 평등은 기회의 평등이고 법 앞에서의 평등일 뿐이다. 현실적으로 수용할 수 없는 평등주의를 외치고 평등을 위해 권력이 개입되어도 결과는 차이가 날 수 밖에 없다.

하지만 그 결과는 점점 하향평준화 되어간다.

평등을 강제하고 평등주의를 외치던 공산주의, 사회주의국가의 몰락은 바로 이러한 결과이다. 어떤 교육방식으로 무엇을 가르치고 어떻게 평가할 것인가는 학생을 매일매일 접촉하는 교사와 대학에 맡겨야 한다.

대학에 자기결정의 기회와 관료나 편협한 사람들의 간섭으로부터 더 많은 자유와 독립이 보장되어야 한다.

경상일보 | 2006.03.12.

›› 통일에 대한 묵상

김대중 전 대통령은 6월 중 북한을 방문하여 김정일 국방위원장과 어떻게 통일 할 것인가에 대한 통일방안을 논의하겠다고 밝혔다. 노무현 대통령께서도 남·북 정상회담에 강한 의욕을 보이고 있다.

햇볕정책으로 대북 퍼 주기, 3년 전의 대북송금사건, 거기다가 현 정권의 통일부 장관은 1조2천억 원의 남북협력기금을 명분만 있으면 다 쓰겠다고 한다. 지난해에는 200만kW의 전력을 주겠다는 약속도 했다. 노무현 대통령은 여기에서 더 나아가 북에 많은 양보를 하겠다고 나섰다.

분단 이후 통일은 민족의 지상과제였고 정권이 새로 들어설 때마다 압박 붕괴론 이니, 민족화합 붕괴론 이니 하는 여러 통일을 향한 전략이 있어왔다 특히 국민의 정부 들어서 민족화합을 위한 햇볕 정책은 대북 퍼주기로 일관한 나머지 국민일각의 비난이 있었던 것도 사실이다.

지난 2005년 통일연구원이 주관하고 현대리서치연구소가 실시한 통일관련 국민통일 여론조사(표본1000)에 따르면 표본의 49.2%, 거의 절반에 가까운 조사 참가자들은 통일은 반드시 달성해야 할 민족적 과업이라는 데 동의하면서도 통일 후 정치적 민주화 상태 악화, 실업문제, 법치, 주택문제, 경제성장이 악화될 것으로 우려하는 응답자는 전체의 무려 30~50%달했다. 통일비용충당을 위한 세금징수에 절반이상이 부정적이었다. 지금 내는 세금의10%이상 부담하겠다는 응답자는 채10%도 되지 않았다.

아무리 통일을 외치고 통일 수단과 방법을 우려하는 사람을 향해 반통일분자라고 매도해도 통일은 왜 해야 하며, 어떻게 할 것인지에 대한 국민적 공감대가 먼저 형성되어야 한다.

그렇지 않으면 전직 대통령이 제시하는 연합제니 연방제니 하는 통일방안도 한총련 학생들이 외쳐 되는 민족반미통일처럼 대학사회에서 조차 인정받지 못하는 공허한 메아리가 될 수도 있기뿐이다.

통일 독일을 이끈 헬무트 콜 전 서독총리는 독일에서 지금의 한국처럼 통일논쟁이 한창 일 때 불안해하는 국민을 향해 '서독 국민들이 지금 누리는 인권과 자유, 번영과 복지 이것 중 어느 하나라도 손상을 가져 오는 것이라면 통일이 아니라 어떤 것도 받아들이지 않겠다'고 선언함으로서 통일에 대한 원칙을 세웠고 불안해하던 서독국민들은 비로서 안심하고 독일통일의 공감대를 형성 정부의 통일정책을 믿고 성원하여 마침내 베를린 장벽을 허물 수 있었다.

왜 우리국민들은 통일을 염원하면서도 전직 대통령을 비롯한 현 정부의 대북정책과 통일정책을 불안해하는 걸까?

인권과 자유는 민족, 아니 그 이상의 어느 이념보다도 중요하며 인류 모두가 지켜야 할 보편적 가치인 것이다. 폐쇄적 민족주의에 함몰되어 통일지상주의로 인류 보편의 가치를 소홀히 해서는 그 어떤 통일방안도 국민은 불안해 한다.

이와 같은 사실을 통일방안 논의 차 북한을 방문하는 우리의 전직 대통령께서는 알고 있을까?

민족주의에 함몰되어 민족통일 민족지상주의만이 난무하는 지금 콜 전 서독총리처럼, '지금 한국인이 누리는 인권과 자유와 번영, 여기에 조금이라도 누가 되는 것이라면 통일이 아니라 그 이상의 어떤 것이라도 받아들이지 않겠다'고 선언하는 용기 있는 지도자가 우리에게는 없을까. 새삼 훌륭한 지도자를 모시고 통일을 이룩한 독일 국민이 부러워진다.

경상일보 | 2006.06.19.

» 우리들의 일그러진 영웅

호국보훈의 달 6월도 가고 민주항쟁이 있었던 그 6월도 벌써 21년의 세월이 흘렀다. 1987년 당시의 한국 대학은 독재타도를 위한 투쟁의 열기로 가득하였다. 한국사회는 미국의 식민지 종속국가, 식민지 반(半)봉건국가라는 종속이론은 투쟁을 이끌었던 386영웅들의 주된 이념이었고 군사정권의 타도는 투쟁의 목표가 되어 전국의 대학으로 확산되어 갔다. 정통성을 잃은 군사정권은 결국 이렇게 자생적 민중주의자와 주사파를 잉태하게 되었고 대학은 '5월 혁명가'와 '광주출정가'를 부르며 거의 매주, 매일 시위를 하였다. 그러다 얼마 지나지 않아서 박종철군 고문치사사건이 터졌고 이 사건이 기폭제가 되어 전 국민적 저항으로 이어진 6월 항쟁은 마침내 6.29선언으로 직선개헌을 쟁취하게 된다. 한국의 민주주의가 진일보하는 순간 이었다.

대부분의 학생들은 민주화 투쟁에는 동참하였으나 처음부터 민

중주의와 북한의 주체사상은 받아들이지 않았다.

6월 항쟁이 끝난 후 대부분의 386민초들은 강의실로 돌아와 본연의 사명에 충실하였다.

그리고 강산이 두 번 바뀌고도 남는 세월이 흘렀다. 전교조, 민노총에 이어, 노동당이 창당되고 문민정부, 국민의 정부에 이어 참여정부가 생겨났다.

그 당시 386우리들의 영웅들은 청와대는 물론이고, 국회, 언론, 시민사회의 조직까지 접수하여 마침내 참여정부의 실세가 되었다.

교과서가 다시 쓰여지고, 역사 바로 세워지기(?)가 한창이고, 빨치산이 영웅이 되고 방화로 경찰관이 숨지게 했던 사건이 민주화 투쟁으로 기록되고 그 주모자들도 모두 복권이 되었다.

역사는 발전되어 간다고 했던가. 이것을 믿는 이들에겐 참여정부 3년여는 결코 짧은 세월이 아니었다.

얼마 전에 초기 한총련의 주축 세력이었던 서울대 총학생회가 대표적 친북학생운동단체인 한총련과의 관계를 완전히 끊고 정치활동 전면중단을 선언했다. 이어서 단국대, 동국대, 경북대도 한총련 탈퇴를 선언하고 연세대와 고려대에서는 총학의 폭력성을 비판하는 성토대회가 열렸다. 현재 한총련에 남아있는 대학은 전국 200여개 대학 중 36개뿐이다. 시대변화에 적응하지 못하고 투쟁만 일삼던 한총련은 이제 역사의 유물로 전락해가고 있는 것이다.

뿐만 아니라 80년대 학생운동을 이끌었던 많은 386인사들도 과거 자신들의 오류를 순순히 인정하고 북한의 인권을 외면하는 386좌파의 위선에 분노하며 한국사회를 진일보시키기 위한 자유주의 연대를 결성했다.

자주니 자립이니 자위니 하는 북한의 주체사상이나 현 정권 주위에 포진한 386 좌파에 대해서 저급한 인식을 가지고 있다고 평가하면서 그 오류의 대안으로 한국사회를 선진적으로 바꿔놓으려는 단체인 자유주의 진영의 선두에 그는 지금 서있다. 얼마나 반갑고도 기쁜 소식인가.

중국은 모택동이 주창했던 이념투쟁과 중국인 수 천만 명의 희생을 가져왔던 문화대혁명은 중국인들의 의식변화는커녕 중국경제를 수 십 년 후퇴시켰고 결국 실패로 끝났다. 문혁으로 숙청되었던 인사들이 복권되면서 중국의 개혁개방정책은 시작되었고 자본주의를 능가하는 실용주의 정책은 빛나는 성공으로 연평균9%의 경제성장을 기록하며 세계를 놀라게 하고 있다.

반독재 투쟁시대는 구시대의 역사와 함께 저물어 갔고 대학시절 한때의 사회주의의 심취는 결코 부끄러운 일이 아니거늘, 의식은 아직도 거기에서 머뭇거리는 정권과 노동계와 교육계의 우리들의 386영웅들. 아직도 들려오는 반미자주와 파쇼타도의 함성과 불법폭력시위와 총파업투쟁으로 공권력을 불러들이고 여기서 생겨나는 열사의 탄생. 이제는 이것이 곧 우리 앞에 전개될 새로운 우리시대의 마지막 장면이기를 소망한다.

경상일보 | 2006.07.07.

>> 포스코 회장님께

우선 포항 건설노조원의 8일간의 포스코 본사 건물의 불법점거로 인하여 귀사와 포스코 직원들이 입은 정신적, 재산상의 피해에 대해 위로의 말씀을 올립니다. 하루빨리 충격에서 벗어나 사태가 수습되고 정상적인 업무가 수행되기를 바랍니다.

존경하는 회장님.

회장님께서는 이번 사태와 관련하여 '이 같은 불법적인 노조활동으로 더 이상 국민경제가 볼모가 되는 일이 없도록 하기 위해 불법을 선동하고 폭력행사와 기물을 훼손한 것에 대해서는 법과 원칙에 따라 당연히 민·형사상 책임을 물을 것'이라고 말씀하셨습니다. 백 번 옳으신 말씀입니다. 반드시 그렇게 하라는 것이 불법파업과 관련하여 오늘날 한국의 CEO들에게 시대와 역사가 부여한 사명(mission)이라고 생각합니다.

그 동안 수 십 차례 불법파업과 불법점거 등의 불법집단행동이 있을 때 마다 정부는 법과 원칙을 강조했습니다. 사측은 민·형사상 책임을 반드시 물을 것이라고 했습니다마는 언제나 그것은 말뿐이었습니다. 위협과 협박, 때로는 정치적인 이유 등으로 법과 원칙은 가을바람에 낙엽 날리듯이 이리 날리고 저리 날리고 하다가 이제는 이솝 우화에서 늑대가 나타났다고 거짓말하는 양치기 소년의 외침처럼 정부와 정치권에서 외치는 법과 원칙은 아무도 믿지 않게 되었습니다. 이것이 오늘날 한국의 노조원들이 '밀어 부치면 안 되는 것이 없다'는 식의 잘못된 인식을 가지게 된 원인이었고 세계유래가 없는 한국의 노동파업형태의 토양이었던 것입니다.

FTA반대 차 미국에 간 한국의 원정시위대와 직업적 운동 꾼들은 거기에서는 구호 한번 제대로 외치지 못하고 돌아왔다고 합니다. 시위대는 똑같은데 시위의 형태가 이렇게 달라질 수 있음은 바로 법과 원칙이 바로 서있는 국가라는 공간의 차이라 생각합니다.

회장님께서는 또 이번 사태와 관련하여 포스코 전 직원들에게 서면으로 '한국의 경제와 민주주의가 한 단계 성숙할 것 인가하는 문제는 법과 원칙이 바로 설 수 있느냐 없느냐에 달렸다'고 했습니다. 이번 사태가 한국사회의 법과 원칙이 바로서는 계기가 되었으면 하는 바람 간절합니다. 그러나 여기에는 예상컨대 많은 어려움이 도사리고 있습니다. 민노총에서는 민형사상의 고소·고발을 취하하지 않으면 전국적인 총파업을 벌이겠다고 위협할 것이고 건설과 연관한 산별노조는 수천 아니 수 만 명이 연일 포스코 규탄 집회를 열 것이며 이 과정에서 민노당은 물론이고 대선과정에서 노동계의 적지 않은 도움을 받았던 현 정권과 현 정권의 친 노동 실세들이 갈등을 조정한답시고 개입할 것입니다. 여·야 정치권은 그 동안 보여왔던 것처럼 먼 산 불 구경하듯 할 것 입니다. 사건이 이 정도 진척대면 대한민국 국민들의 경험으로는 법과 원칙은 공허한 메아리가 되어 사라졌습니다.

그러나 회장님 용기 잃지 마십시오. 회장님 뒤에는 50만의 포항 시민이 있으며 해마다 현대자동차 총파업에 몸서리치는 100만의 울산 시민은 물론이고 대한민국의 전 국민이 이 사태의 마무리를 회장님 뒤에서 지켜보고 있습니다. 이들이 아마도 노동계의 위협과 정부의 부당한 간섭으로부터 회장님을 지켜낼 것입니다.

이제 대한민국의 법과 원칙은, 아니 적어도 불법파업과 관련한 문제에 있어서만큼은 회장님의 두 어깨에 달렸습니다. 대한민국의 경제와 민주주의가 한 단계 성숙할 것인가 말 것인가 하는 점도 회장님의 두 어깨에 달렸습니다. 건투를 빌며 늘 건강 하시기를 기도하겠습니다.

경상일보 | 2006.07.24.

2012년 대한가정의학
2012년 9월 21일(금) -23일
2012년 대한
추계학술대회

>> 일반화의 오류

일반화의 오류를 예를 들어 설명하면 보석이라면 흑진주만 보아 온 한 개인이 '이 세상의 모든 진주는 검은색이다'라고 자신만의 경험 혹은 한정된 몇몇의 경험적 결과를 토대로 이렇게 일반화하는 것을 말한다. '다양한 조건하에서 충분히 많은 'A'를 관찰하였고 그리고 관찰된 A가 예외 없이 B라는 성질을 가지고 있었다면 'A는 B라는 성질을 가지고 있다'라는 결론은 타당하다는 것이다. (이를 귀납적 일반화라 한다.) 의학을 포함한 거의 모든 과학분야에서 새로운 사실을 발견하여 일반화 하려면 이와 같은 과정을 거쳐야 한다.

특수한 상황을 가지고 모두가 그럴 것이라 단정하는 일반화의 오류는 우리 주위에서 흔히 발견할 수 있는데 자신 만의 경험으로 모든 것을 판단하려는 사람들이 흔히 범하는 오류다. 대표적인 것이 사이비 경험적 미신과 과학적 근거가 전혀 없는 의료행위다.

예를 들면 만성간염으로 고생하고 있는 사람에게 00을 먹였더니

간이 좋아 좋아지더라는 자신만의 경험을 토대로 상대에게 복용을 권유하는 행위도 일종의 일반화의 오류다. 이것을 이용하여 돈을 벌겠다는 사람들은 00은 간장에 좋다는 결론을 미리 내려놓고 이것을 뒷받침하는 결과들만 골라 모은다. 그리고 이것을 다른 사람에게 제시하며 믿게 한다. 이러한 예는 우리 주변에 얼마든지 있다.

명확한 과학적 근거에 입각하여 환자를 치료해야 할 의사가 일반화의 오류를 범해 자신만의 특수한 경험을 일반화하여 환자를 진찰하고 치료한다면 환자는 병을 고치기는커녕 병을 고칠 수 있는 시기마저 놓쳐 그 환자는 결국 크나큰 피해를 입게 될 것이다.

이것이 사이비 경험적 미신이며 베이컨은 이것을 예정된 생각(anticipation) 또는 사변(speculation)이라고 했다.

대한민국의 교육부총리가 제자논문 표절, 논문중복게재 의혹, 연구비 중복수령에 대한 의혹 등으로 자격시비에 휘말린 후 그는 '이런 식으로 검증을 하면 앞으로 교수 출신은 절대로 장관을 할 수 없다'고 하였다. 물론 교수사회에 부도덕한 몇몇 교수들에 의해 이러한 일들이 관행처럼 행해져 왔을 것이란 추측은 가능하다고 본다. 그러나 논문표절, 논문중복게재, 연구비 이중수령 등 학문의 윤리와 상식에서 벗어난 자신만의 특수한 경험을 '자기를 포함하여 주위 몇 분이 그랬으니 다른 교수들도 모두 똑 같이 했을 것이다'라고 결론 내리는 것이야 말로 전형적인 일반화의 오류다. 그가 이러한 오류를 범하지 않았더라면 창피를 당하지 않고 아마도 깨끗이 사과하고 물러났을 것이다. 결국 끝까지 버티다 여론에 밀려 사의를 표명했다고 한다.

만일 중요한 국가정책이 정권실세의 일반화의 오류로 인해 결정되었다면 그 결과는 어떻게 될까? 아마도 국가와 국민이 입는 피해는 엄청날 것이다. 회사가 그런 오류를 범했다면 아마도 얼마 가지 않아 망할 것이다.

그가 청와대 정책실장 재직 시 이 정권이 밀어붙여온 분배우선 경제정책, 하향평준화 교육정책, 세금폭탄부동산정책 등은 효과는 커녕 부작용만 나타나고 있으니 이들 정책들도 정권실세들의 일반화의 오류에서 결정된 것은 아닐까.

경상일보 | 2006.08.03.

›› 광복 61년

조국광복 61주년을 맞이하는 날 서울의 광화문은 시위와 집회로 몸살을 앓았다. 한국의 좌파 진보진영에서는 8월13일부터 15일까지 한총련, 범청학련, 전공노, 전농, 민주노동당, 민주노총 등에 소속된 약7천명의 인원이 연세대학교 노천극장에서 '8·15 통일축전'을 열었다. 더구나 이 행사를 앞두고 연세대학은 행사를 불허하고 성명서를 발표하여 연세대학교의 입장을 밝힌바 있다. 결국 이들 단체들은 불법무단으로 남의 시설물을 점거하여 사용한 셈이다.

광복절 당일에는 광화문에서 평택미군기지 확장반대와 한미 FTA반대를 위한 시위를 벌였다.

태극기 대신 한반도기를 들고 거리를 행진하던 한총련 소속 대학생과 아버지뻘의 보수단체 회원들 간에 작은 마찰도 있었다고 한다.

좌파진보진영에서는 미국과의 관계를 끊어라고 시위를 하고 있는 사이 보수우익단체 회원들은 한 손에는 태극기 또 한 손에는 성조기를 든 채 서울시청 앞에서 미국과의 관계를 더욱 강화하라고 촉구하는 시위를 하였다.

미국을 반대하는 한총련이나 민노총 등 좌파진보진영의 반미논리는 한마디로 종속이론인 것 같다. 우리나라가 미국이라는 중심자본 국가에 종속되어 있기 때문에 미국과의 관계를 청산하지 않으면 우리나라는 점점 망해 간다는 것이다.

반면에 보수우파의 주장은 북한의 김정일 정권을 주적으로 미국을 불변의 우방으로 인정하고 그럼으로써 한·미 동맹을 더욱 강화해야 한다는 것이다. 미국과의 관계가 멀어지면 한반도 전쟁 억지력은 물론이고 경제도 어렵다는 것이다.

이를 두고 진보좌파진영에서는 수구골통 내지는 친미사대주의자라고 손가락질하고 보수우익진영에서는 친북반미 빨갱이라고 손가락질 한다. 이것이 오늘날 광복61년을 맞이하는 우리들의 현주소다. 이제는 냉정히 상대의 입장에서 생각해보자.

먼저 우파진영에게 묻는다. 친북반미면 다 빨갱이고 민족끼리 친하게 지내는 것이 우리 안보에 위협이 되는가? 친북반미사상이 우리의 젊은이들에게서 힘을 얻는 이유가 무엇이라고 생각하는가?

그리고 좌파진영도 답해야 한다. 우리가 미국과의 우방으로서 관계를 맺은 지는 광복61년의 역사와 함께한다. 미국과 친하게 지내온 기간 동안 우리는 미국에 종속되어 점점 망해갔는가? 한반도의 미군주둔이 전쟁위험을 가속시키고 민족이 갈구하는 평화통일에 방해가 되는가? 그리고 왜 대한민국의 법 체제를 지키지 않는가?

다가오는 광복62주년에는 보다 성숙한 양 진영의 모습을 기대한다.

경상일보 | 2006.08.19.

» 우리선비

얼마 전 참여정부의 청와대 정책실장과 대통령자문 정책기획위원장을 지낸 이정우 경북대 교수가 열린우리당 내 신진보연대 초청강연에서 '대통령산하 위원회야말로 해방 후 처음 등장한 개혁을 추진할 사림파(士林派)였다'고 했다. 사림은 선비(士)의 복수개념이다.

열린우리당 조차 현 정권을 위원회 공화국이라고 비판하자 현정부의 각종위원회 인사들이야 말로 능력과 인품을 갖춘 개혁주체의 적임자인 선비들(士林)이었는데 보수언론과, 야당, 심지어 여당까지 이들을 공격하는 바람에 위원회가 후퇴했다는 것이 이정우 전 실장의 주장이다.

선비(士)란 무엇인가. "조선의 선비란 명분과 의리로써 국민을 설득하고 덕치로써 국민을 포용하려는, 조선왕조가 인간화 작업의 과정에서 설정한 모범적 인간형, 즉 학문(文, 史, 哲)을 통하여 이성

훈련을 체득하고 예술(詩, 書, 畵)을 교양필수로 하여 이성과 감성이 균형 있게 잘 조화된 인격체를 말하며 조선의 선비들이 그린 이상사회는 힘으로 다스리는 폭압적인 패도정치나 법으로 규제를 일삼는 강제적인 사회가 아니라 명분으로 국민을 설득하고 위정자가 먼저 의리를 지키는 도덕국가였다"(정옥자 저 '우리선비' 현암사. 2002,)

선비의 모습이 이러할 진데, 현 정부에 출사하여 해방 후 첫 등장한 사림(士林)이라 자칭하는 이들의 모습은 어떠한가. 코드로 점철된 인사, 각종 위원회의 함량미달의 위원님들, 현 정권 실세들의 천박한 언사. 조선의 선비가 꿈꾸었던 대동사회는 커녕 각종 코드로 국민을 분열시켰고, 인사 청탁과 헌법절차를 무시하는 온갖 편법, 뿐만 아니라 자칭 선비들이 추진했던 부동산 관련 법안을 비롯하여 코드를 맞추기 위한 각종 규제법안과 엄포용 정책은 가히 법의 폭거에 가까울 정도였다.

소신 있는 선비다운 목소리는 현 정권 인사들에게서는 들어보지 못했다. 우리선비들은 잘못된 정책에 대해서는 임금께 직소하며 사약도 마다하지 않았다

"특히 꼿꼿한 지조와 목에 칼이 들어와도 두려워하지 않는 강인한 기개, 옳은 일을 위해서는 사약 등 죽음도 불사하던 불요불굴의 정신력, 항상 깨어있는 청정한 마음가짐으로 특징 지워진 이들이 바로 조선의 선비상이다" (정옥자 저 '우리선비' 현암사. 2002,)

전시작전권환수는 잘못되었다고 대통령께 직소하는 전직 장성들과, 외교관, 경찰총수, 학자와 지식인. 오히려 그들에게서 진정한 선비의 모습을 엿본다. 대통령이 아무리 잘못해도 용비어천가나 반복해서 부르는 당신들은 결코 선비가 아니다. 새로운 시대정신

을 모색해야 하는 세계화의 시점에 조선의 우리선비는 그래서 더더욱 욕되게 해서는 안 되는 것이다.

경상일보 | 2006.09.16.

›› 세월 흐른 뒤 알게된 모범답안

R형. 벌써 가을입니다. 코스모스가 고개를 들기 시작했고 인근 야산의 참나무 잎사귀도 제법 노랗게 물이 들었습니다. 이들도 곧 무성하고 싱그럽던 한여름의 영광을 뒤로하고 봄을 기약하면서 흙으로 돌아가겠지요.

답장이 늦어 송구스럽습니다. 신문사로부터 '포스코 회장님께'라는 기고문을 읽은 R형으로부터 저에게 한 통의 편지가 와있다는 연락은 벌써 오래 전에 받았으나 이런저런 사정으로 인해 며칠 전에서야 서신을 읽어보고 이제야 답장을 올립니다.

R형, 열악한 노동 환경 속에서 연로한 몸으로 하루하루를 살아가기가 얼마나 고되고 힘이 듭니까. 더구나 R형이 올 여름 일했던 건설현장은 마실 물조차 변변치 못하고 일과를 마치면 땀과 먼지에 절은 몸을 씻을 수 있는 물조차 없었다니 상상만으로도 R형과 같은 건설현장의 노동자 특히 하청업체 노동자들의 삶이 얼마나 고되고도 어려웠을까 이해가 되고도 남음이 있습니다. 더구나 올

해 여름은 유별이 더웠는데….

R형, 산다는 것에 대한 고통이 어찌 육체적인 것뿐이겠습니까. 사회의 온갖 부조리, 이러한 부조리 때문에 오늘날 내가 이렇게 고생한다고 생각하게 되면 고통은 더 커지는 법이지요. 거기에다 '포스코 회장님께'라는 기고문으로 불법에 대해서는 물러서지 말고 대처하라고 염장을 질러댔으니 그 글을 읽은 R형의 심정이 오죽했겠습니까. 지면으로나마 용서를 구합니다.

그러나 R형. 만약 우리사회에 법이 없다면, 아니 있어도 지켜지지 않는다면 어떻게 되겠습니까. 법치의 사회이므로 우리는 강도를 감옥에 보낼 수 있고 가정파괴범, 성폭력범도 감옥에 보낼 수 있는 것이지요. 그럴 수 없다면 우리 사회는 얼마나 무섭고 불안하겠습니까. 생각만 해도 끔찍하지요. 우리사회와 구성원들의 안녕을 위해서 지켜져야 될 법들이 어디 이뿐이겠습니까.

제가 대학3학년 정신과학 수업시간에 정신과교수님으로부터 다음과 같은 질문을 받았습니다.

"옛날 영국의 한 마을에 농부가 살았는데 어느 날 부인이 병이 났습니다. 남편은 병든 부인의 치료를 위해 백방으로 뛰어 다녔으나 부인의 병은 조금도 좋아지지 않고 심해만 가던 중 어느 마을의 약제사가 부인의 병을 치료할 수 있는 약을 개발했다는 소식을 들었습니다. 기쁜 마음으로 즉시 찾아갔으나 기쁨도 잠시 약을 살 수가 없었습니다. 농부의 남은 전 재산으로도 살 수 없을 만큼 약이 비쌌던 것입니다. 농부는 울며불며 통사정을 했지만 약제사는 꿈쩍도 하지 않았습니다. 화가 난 농부는 사람이 죽어 가는데 이럴 수는 없다며 따지고 싸웠습니다. 그리고 농부는 부인의 병을 치료하기 위해 약을 강제로 뺏다시피 하여 집으로 돌아왔습니다."

이야기는 여기까지입니다. 교수님으로부터 주어진 질문은 '농부의 행동을 평가하라'는 것이었습니다. 저는 그때 농부의 행동은 옹호하며 사람이 죽어가는 데도 돈만 따지는 약제사를 비난했습니다. 결과는 C학점을 받았습니다.

'급한 사정, 절박한 사연, 훌륭한 명분 등의 이유로 타인에 대한 재산권의 침해나 폭력이 정당화될 수 있다면 어떻게 사회가 유지될 수 있겠는가' 하는 것이 모범답안의 요지였습니다. 그 때는 수긍하기가 쉽지 않았습니다. 제가 제출한 답안이 훨씬 정의롭고 옳은 답안이라 생각하며 살았습니다. 그로부터 적지 않은 세월이 흐른 지금 이제서야 모범답안을 이해할 수 있게 되었습니다. 아니 어쩌면 이보다 더 훌륭한 모범 답안이 있다고 믿습니다. 이제 우리가 그 모범답안을 찾아야 할 때라고 생각합니다.

두서 없는 글로 또다시 R형에게 염장을 지르고 있는 것은 아닌지 고민스럽습니다만, 이 또한 후배의 사회를 향한 열정이라 생각하시고 이해해 주시길 바랍니다. 끝으로 환절기 건강에 유념하시고 늘 건강하십시오.

경상일보 | 2006.09.30.

›› 아편과 같은 정책

지난 6일 서울대교수협의회는 정부가 추진 중인 기회균등할당제는 정치적 · 인기 영합적으로 결정되었으며, 이 제도는 교육을 좀먹고 결국 교육을 나락으로 떨어뜨릴 아편과 같이 위험한 제도이기 때문에 철회돼야 마땅하다고 촉구했다. 기회균등할당제란 대학이 농어촌 출신 등 저소득층학생을 일정비율(11%) 대학정원과 상관없이 뽑을 수 있게 하는 제도다. 참여정부 초기에 집권당의 대표는 한 실업계고등학교를 방문하여 "공고를 졸업해도 대학에 갈 수 있게 해 주겠다"고 했다. 기술을 연마하여 산업현장에서 훌륭한 기능공이 되겠다는 꿈을 가지고 입학한 어린 학생들 앞에서 집권여당의 대표가 쏟아낸 대학입시와 관련된 대표적 대중선동적이며 인기영합적(포퓰리즘) 발언이었다. 그 후 이 발언은 실업계교육을 부정하고 망가뜨리는 언사라고 많은 비판을 받았다.

대중영합적이고 선동적인 정책들이 어찌 이뿐이겠는가만은 우리는 서울대교수협의회가 인기영합적으로 결정된 정책을 우리사회를 좀먹는 아편에 비유한 사실에 주목할 필요가 있다. 아편은 마약이다. 대중인기영합적 선동의 수법에도 여러 가지가 있겠지만 마약의 종류에도 여러 가지가 있다. 중추신경 각성 효과를 지닌 필로폰과 코카인, 그리고 아편제제인 모르핀과 코데인, LSD같은 환각제 등등. 여기에 서울대교수협의회의 지적대로라면 대중선동적이며 인기영합적 정책도 마약의 한 종류로 보태져야 할 것 같다. 마약은 섭취하게 되면 신체 내로 쉽게 흡수되어 뇌로 빨리 전달된다.

그 결과 인간의 내적인 감정뿐만이 아니라 외적으로 관찰될 수 있는 행동에도 영향을 미쳐서 정신분열병 같은 정신질환과 유사한 증상으로 나타나기도 하며 평상시 온순하던 사람도 갑자기 폭력적이고 괴상한 행동을 보이기도 한다. 방향감각의 상실, 자아통제의 상실은 마약복용 시 나타나는 대표적 증상이다.

경찰청 자료에 의하면 우리나라는 지난 해 약 5000명의 마약 사범을 검거하였고 올해에는 6월까지 벌써 약 3500명의 마약 사범을 검거하였다고 한다.

주변환경이 양호하고 심신이 건강한 사람은 마약의 유혹에 쉽게 넘어가지 않지만 정신연령이 어리거나 신체적, 정신적으로 어려움을 겪고 있는 사람에게는 마약이 쉽게 침투할 수 있다. 대학입시에 허덕이는 청소년, 100만의 청년실업자, 사업이 어려운 소상공인, 농어민을 포함한 우리사회의 저소득층 이들 모두가 마약에 빠져들기 쉬운 고 위험군이다.

이들 앞에서 소수의 가진 자와 많이 배워서 완장차고 거들먹거리는 사람들이 바로 사회개혁의 걸림돌이라고 말하는 것이라든가, 특정지역의 표를 의식해 그 지역에 국민의 혈세로 새로운 도시를 건설하겠다든지, 공부 못해도 대학가게 해주겠다고 선동하는 언행들도 앞에서 지적한대로 마약과 같아서 이들을 쉽게 중독시킬 수 있다.

부자들의 재산을 나누어 모두가 평등하게 살아보자는 것은 지구상에서 멸망해버린 공산주의자들의 선동수법이었다. 대중으로부터 지지를 받아야 하는 정치인이 또 이들에게 당장 어떤 이익을 주겠다며 선동하는 것은 마약과 같아서 이들의 달콤한 유혹을 뿌리치기란 쉽지가 않다. 그러나 결국 마약은 전부를 망가뜨린다. 공산주의는 그 사회구성원 모두를 중독시켜 지구상에서 멸망해 버리지 않았는가?

지금 정치권에선 많은 정치인들이 대통령 출마를 선언 중이다. 우리 울산은 이번 달만 해도 많은 인사들이 방문하였거나 앞으로 방문하여 연설회를 계획 중이라고 한다. 이들 중에는 과거 우리를 선동했넌 인사들도 상당 수 눈에 띈다. 국민지지 2%에도 미치지 못하면서 승리를 장담하는 이도 있다. 무엇 때문일까. 바로 대중선동 즉 마약이라는 무기가 있기 때문은 아닐까. 여야의 대선 후보가 정해지고 대선 시즌이 본격화 되면 어김없이 이들 진영에 의해 마약이 제조될 것이고 말단에 이르기까지 마약 공급책들은 일회용 주사기에 선동이라는 아편을 담아서 인터넷은 물론이고 우리사회 곳곳으로 뛰어 다닐 것이다.

이들에게 중독된 유권자들은 또 네 편 내편으로 나뉘어져 서로 이성을 잃고 싸울 것이 불을 보듯 뻔하다. 우리사회는 또 얼마나 망가질 것 인가. 마약과도 같은 인기영합적 선동의 전파를 우리는 또 어떻게 막을 것 인가. 17대 대한민국 대통령 선거를 앞두고 시민사회에 던져진 숙제가 아닐 수 없다.

경상일보 | 2007.07.13.

›› 민주화운동과 교사특채에 대한 단상

입추가 지난 지도 벌써 일주일째다. 피부에 와닿는 공기도 아침 저녁으로는 제법 서늘하지만 한 낮의 매미 소리는 얼마 남지 않은 삶을 슬퍼하듯 점점 높아만 간다. 우리아이들의 방학도 이제 며칠 남지 않았다.

교육인적자원부가 지난달 초 재개정된 사립학교법의 잉크도 채 마르기 전에 일부 조항을 다시 개정하려다가 사학들이 위헌 심판 청구소송을 제기하는 등 강력 반발과 비난여론에 밀려 불과 하루만에 취소하는 소동을 빚었다. 교육부가 전교조의 요구를 받아들여 민주화 운동 관련자를 교사신규채용 및 복직 시 특별 채용하는 조항이 문제가 된 핵심내용 중 하나였다.

김대중 정부시절 민주화 운동 관련자 명예회복 및 보상 등에 관한 법률이 의결된 후 운동권 인사들 중 많은 사람들이 이 법에 의해 명예가 회복되고 또한 금전적으로도 상당한 보상을 받았다.

이 과정에서 대한민국의 헌정질서를 부인하고 국가안전을 위협

했던 좌파 혁명가(?)들까지도 일부 민주화 운동 관련자로 인정받았던 사실에 대해 많은 국민들이 지금도 의아해 하고 있으며, 민주화운동보상심의위원회가 적법한 공권력의 행사에 불법으로 대항하다가 유죄판정을 받은 사건까지 민주화 투쟁으로 인정해 물의를 빚은 적도 있었다. 방화로 경찰관을 숨지게 했던 동의대 사건이 대표적인 경우다.

민주화 운동이란 자유민주주의와 시장경제를 지향하는 대한민국 헌법을 존중하고 위법한 공권력의 행사에 대항하여 국민의 권리를 수호하고 신장시키기 위해 노력했음을 전제로 해야 한다. 민주화 투쟁경력을 내세우며 열사니 투사니 하면서 감옥 가고 법정서 유죄판결을 받은 것을 자랑스럽게 여기는 인사들 모두가 과연 우리 헌법이 지향하는 시장경제와 자유민주주의의 가치를 지키고 신장시키기 위해 불법한 공권력에 대항하다 피해를 본 것이라 할 수 있을는지…. 국민들이 더 잘 알고 있을 것이라 확신한다.

교육부가 뒤늦게라도 사학법의 '재 재 개정'을 포기한 것은 천만다행이라는 생각이 든다. 왜냐하면 교육은 민주화 투쟁경력과 사회변혁의 열정만으로 되는 것이 아닐뿐더러 언론에 보도된 전교조 간부의 말처럼 생계가 막막한 이들에게 생계 수단의 제공차원에서 이들을 교사로 특별채용 한다면 결국 피해는 학생들이 보게 될 것이 분명하기 때문이다.

국내 유명일간지와 한국갤럽의 지난해 12월 11일 실시한 여론조사에서 초·중·고등학교에서 전교조 소속 교사들의 이념교육에 대해 우리국민들의 70%이상이 부정적으로 평가하는 것으로 조사되었다. 뿐만 아니라 전교조 소속 교사가 중학생 180명을 데리고 빨치산 추모제에 참석한 사건에 대해서도 우리국민의 대부분(84%),

특히 초· 중등생 자녀를 둔 학부모들은 어이없어 하고 있다. 참으로 기가 찰 노릇은 사법고시 합격생이 대한민국의 주적을 미국이라고 대답하고, 작년에 치러진 올해 대기업 입사시험에서 적지 않은 수험생들이 자본주의 시장경제체제를 부정하는 듯한 답변으로 고배를 마셨다는 사실이 국내 주요 언론의 사설을 통해 발표되기도 했다.

북한학생에게 '우리학교 학생은 다 통일전사다'라는 편지를 백통이 넘게 썼다는 어느 초등학생의 모습이라든가, 모두가 못 살아도 평등하게 사는 것이 바람직하다는 초·중·고생이 43.7%나 된다는 한국교총의 조사 자료는 우리 청소년들이 마치 친북반미의 북한식 통일교육과 사회주의 이념에 세뇌가 된 듯 하여 우리의 가슴을 아프게 하였다.

지난달 한국교총역사(60년) 최초로 고교국어교사인 평교사가 교총회장에 당선이 됐다. 그는 취임 일성으로 "교육에 대한 이념적 접근은 배제하고 학생과 학부모를 만족시키는데 힘 쓰겠다"고 했다.

교사단체의 회장이 교사들의 이익보다는 이념교육을 배제하고 학생과 학부모를 만족시키는데 힘쓰겠다는 말은 오랜만에 들어보는 반가운 말이다. 이념교육을 배제하기 위해서는 우리 아이들로부터 신성한 교단에 어른거리는 사이비 혁명가들을 격리시켜야 한다. 운동권인사의 교사 특별채용을 반대한다.

경상일보 | 2007.08.14.

›› 비목과 동백 아가씨의 사연

북위 37도54분, 동경 128도41분. 중부전선의 백마고지를 중심으로 서쪽 끝단인 서해안 강화 북부에서 동으로는 강원도의 간성 북부까지 총길이 250㎞의 군사분계선. 지난 10월2일 오전 9시께 우리의 대통령께서는 1953년 '한국 군사정전에 관한 협정'이 맺어짐에 따라 그어진 이 군사분계선을 도보로 넘어 방북하였다. 실로 가슴 뭉클한 이 역사적인 일대의 사건을 TV에서는 생중계를 하였고 외신들도 실시간 세계 각처로 보도하였다.

군사분계선을 도보로 통과한 것은 세계 유일의 분단국가이자 최후의 냉전지대로 남아있는 한반도 평화의 필요성을 전 세계에 알리는 훌륭한 퍼포먼스였다. 1948년 백범 김구 선생이 통일정부 수립을 촉구하기 위해 이 길을 통해 방북한 지 59년 만의 일이었다. 군사분계선을 기준으로 남쪽으로 2㎞ 지점에는 남방 철책선이, 북쪽 2㎞ 지점부터는 북방 철책선이 있다. 이 사이 너비 4㎞ 지점이 바로 우리나라에서 생태계가 제일 잘 보존되어 있다는 비무장지대다. 노무현 대통령은 이곳을 걸어서 방북함으로써 분단과 냉전의 장벽을 넘어 한반도 평화와 민족공동의 번영을 이루겠다는 의지를 표명한 것이다.

노 대통령이 군사분계선을 도보로 넘는 모습을 TV를 통해 지켜보는 동안 필자의 눈에는 민족상잔의 6·25전쟁 한 장면이 오버랩되어 나타났다. 그리고 어느새 대포소리와 따발총소리, 수류탄 터지는 폭음과 함께 진한 화약 냄새가 바로 코밑에 와 있었다. 어떤 전쟁이든 종말로 접어들수록 치열하다고 했던가. 필자의 눈앞에는 전쟁이 막바지에 이르러 한치의 땅이라도 더 차지하기 위한 쌍방의 치열한 전투가 중부전선의 백마고지는 물론이고, 서부전선에서 동부전선의 끝까지 바로 군사분계선을 중심으로 벌어지고 있었다. 남북이 밀고 밀리는, 죽고 죽이는 동족상잔의 처절한 싸움이었다.

그리고 그 전장의 한복판에는 철모를 눌러쓴 채 카빈 소총으로 무장한 고향의 아재와 삼촌들도 있었다. 풍전등화의 위기 앞에서 조국을 구하기 위해 전장으로 달려간 우리들의 아재와 삼촌, 바로 50여 년 전 고향의 돌담길을 돌아서며 뒤돌아보고 또 보고 두 손을 흔들면서 떠났던, 많은 세월이 흘러 고향의 물레방아도 멈춰선 지 오래건만 아직까지 소식없는 그분들이 거기에 있었다.

포연이 휩쓸고 지나간 지도 어언 50년이 훨씬 지났다. 치열한 전장이었던 서부전선에도 청명한 가을하늘 아래 평화로이 단풍이 내리고, 우리의 대통령은 그 전선을 걸어서 건넜다. 전선의 골짝골짝 비목이 보였다. 더 높은 10월의 가을하늘 아래 외롭게 서있는 이름 모를 비목들, 한 두 개도 아니고 수 십, 수 백 개의 비목이 말이다. 그 중에는 끝내 고향에 돌아오지 못한 고향 아재와 삼촌들의 비목도 있을 것이다.

비바람 긴 세월로 이름 모를 비목. 오랜 세월 아무도 찾는 이 없는, 외로운 적막감에 울다가 지친 비목. 소쩍새 슬피우는 달 밝은 밤이면 두고 온 고향 초동 친구에 대한 그리움과 애달픈 추억의 서러움이 알알이 이끼 되어 맺힌 비목. 그리고 돌무덤 앞 비목과 함께 나란히 꽂혀있는 카빈 소총 한 자루와 녹슨 철모. 조국의 부름을 받고, 조국을 위해 숨져간 수많은 꽃다운 젊은이들의 이름 모를 주검 앞에 서있는 비목의 사연이 이렇게 애처로운데 북녘 어느 곳에 수감되어 아직도 돌아오지 못한 수많은 국군 포로와 그 가족의 사연은 또 얼마나 애처로울까.

"조국이 있으므로, 조국이 반드시 우리를 구하러 올 것이다"라는 변치 않은 신념 하나로 북한의 어느 형무소에서 오 십 년 넘게 버티다 불과 얼마 전에 숨져간 국군 포로의 사연이며, 17,8세의 나이에 입대해 이제는 70을 넘긴, 살아있다면 반드시 고향에 돌아와야 할 우리들의 아재와 삼촌들, 그리고 아직까지 소식 없는 수백 명의 납북자들…. 헤일 수 없는 수많은 밤을 돌아오지 않은 아버지를, 기다리다 지쳐서 울다가 지쳐서, 가슴마저 빨갛게 멍든 우리 동백 아가씨의 사연은 또 얼마나 아프고도 애처로운가. 누가 이들의 한을 풀어 줄 것인가. 남북 정상회담에 이어 장관급 실무회담을 기대해 본다.

경상일보 | 2007.10.17.

마지막 잎새

강원 산간지방에는 벌써 첫 눈이 내렸다는 소식이다. 울산에도 며칠 전 첫 서리가 내렸다. 문수벌에도 어느새 가을걷이가 끝나고 겨울을 알리는 찬바람이 불어온다. 가을 따스한 햇살과 함께 영원하기를 소망했던 아름답던 단풍도 하나 둘씩 자취를 감추고 있다. 무성했던 푸르름과 한 여름의 영광을 뒤로 하고 마지막에는 곱고 아름다운 단풍을 선사하면서 저들은 또 저렇게 한 시절을 마감하고 있는 것이다. 낙엽은 자신을 키워준 뿌리로 돌아가 기꺼이 썩어 그들의 자양분이 되고, 그러므로 어김없이 이듬해 봄에는 앙상한 나뭇가지에도 새 잎이 무성하게 돋을 것이리라. 이 얼마나 아름답고 숭고한 자연의 모습인가.

2007년 한해도 바람처럼 흘러가고 있다. 어떻게 한해를 마무리하고 다가오는 또 한해를 맞이할 것인가. 지난 수년간 우리를 괴롭히고 우울하게 만들었던 여러 사건들과 함께 한국사회 구석구석까지 침투한 그럴듯한 이념에 가리워진 음침한 사이비 혁명가들의 모습도 저물어가는 한해와 함께 한국사회에서 사라졌으면 하는 바람 간절하다. 국민 지탄의 대상이 되었던 위인들이 새로운 판을 짠다며 자기들끼리 몰려다니며 이 당을 깨부수고 저 당을 만들고 이합집산하고 있다. 마치 야바위꾼처럼 어김없이 한국시민들에게 나타나서 그럴듯한 구호를 외치는 모습이며, 너는 보수고 나는 진보라며 서로 헐뜯던 사람들이 당대당 통합이니 후보 단일화 운운하면서 음침한 음모를 꾸민다. 단골 메뉴인 진보개혁의 노란 완장을 어디론가 감추고 대신에 선진이니 희망이니 평화 운운하고 있다. 국민을 향해 말장난을 하고 있는 위정자들의 모습은 마치 항생제 투여 후 얼마간의 시간이 지난 뒤 저항성을 획득한 변이종 세균의 출현을 보는 것 같이 섬뜩하다. 2011년부터는 수능을 없애겠다는 후보도 있다. 대중선동의 극치다. 이 모든 것들이 한국사회에서 이 가을 낙엽과 함께 영원히 자취를 감추기를 소망한다.

정치뿐만이 아니라 한국경제의 전망도 밝지 않은 모양이다. 국가채무는 늘어만 가고 신규 일자리는 해마다 줄어 길거리를 헤매는 늘어난 구직자들의 모습도 우리를 우울하게 만든다. 어디 이뿐이랴, 좌파정권 10년 후 각종 통계로 나타난 대한민국의 현주소는 더욱 심각하다. 공무원 수는 현 정부 들어서만 5만 명 이상이나 늘어났고, 각종 기업규제로 인한 투자위축은 결국 고용축소의 악순환을 초래했다는 것이 전문가들의 공통적인 분석이다. 하향평준화의 교육정책은 결국 공교육의 붕괴를 초래해 사교육에 의존할 수밖에 없는 학부모들의 경제적 부담은 이루 말할 수 없이 늘어났다. 사교육비로 지출한 돈이 무려 33조5000억 원(2007년 현대경제연구원)에 달하며, 한국교육개발원 자료에 따르면 기러기 아빠가 해외로 송금하는 연간 유학비도 5조원에 달한다고 한다. 뿐만 아니라 건국, 산업화, 민주화로 이어온 자랑스런 한국의 역사는 정의가 패배하고 기회주의가 팽배한 부끄러운 역사가 되어 버렸으며 법치의 대한민국은 어느새 백주대로에서 경찰이 시위대에 몰매 맞는 나라가 되어버렸다. 좌파정권 10년 후 대한민국의 현주소다.

그렇다면 자유민주주의와 시장경제를 표방하는 자유 대한민국에 '좌파10년'을 불러들인 장본인이 누군가. 바로 기득권 계층의 도덕불감증과 대한민국의 가치를 지키려는 보수세력의 분열 때문이 아니었던가. 과거 10년 동안 분열과 갈등으로 찌들고 힘겨운 시절을 겪은 국민들은 지금 무능한 좌파정권 종식을 눈앞에 두고 우파진영의 분열을 목도하면서 불안해하고 있다. 이들에게 또다시 절망을 안겨줄 것인가. 지금까지의 여론조사 결과 국민의 최대가치와 희망은 정권교체다.

이들의 희망을 우파진영의 분열로 꺾을 수는 없다. 찬바람 불어오는 만추의 들녘에서 떨어져 나뒹구는 낙엽을 보면서 오 헨리(O. Henry)의 '마지막 잎새'를 생각한다. 억센 비와 사나운 바람에도 불구하고 끝까지 붙어있는 마지막 잎새. 바람이 불어도 까딱하지도 펄럭거리지도 않는 마지막 잎새. 반드시 누군가는 그려야 할 지금 대한민국 국민의 희망이다. 누가 그릴 것인가. 대선을 한 달 앞둔 대한민국 국민의 희망을….

경상일보 | 2007.11.19.

›› 제17대 대한민국 대통령

오늘은 제17대 대한민국 대통령 선거일이다. 대한민국 역사상 중요한 일이 많이 있었지만 모두가 다 지나간 일이다. 보다 더 중요한 일이 내일 벌어질지 모른다. 그러나 그것도 내일의 일일뿐 당면한 현재의 일이 아니다. 그러므로 국민의 손으로 향후 대한민국 5년을 이끌 대통령을 뽑는 오늘이야말로 대한민국 역사상 가장 중요한 날이다. 더구나 울산은 제5대 교육감 재선거가 동시에 이루어진다. 우리 모두 투표장으로 가야 한다. 새 대통령의 임기가 시작될 2008년은 대한민국 건국 60주년을 맞는 역사적 시점이다. 이 역사적 시점에서 대한민국이 대혁신을 이루어 선진국으로 진입하느냐 마느냐는 이제 유권자의 손에 달렸다. 심판할 일이 있다면 심판해야 하고 지지해야 한다면 지지해야 한다. 내가 투표하지 않으면 내가 바라지 않는 후보가 당선되어 역사가 거꾸로 간다는 심정으로 우리는 투표에 임해야 하는 것이다. 그래서 누가 당선되든 많은 국민의 참여 속에 새로운 대통령이 탄생하기를 바란다. 오늘 밤

자정 무렵이면 대통령 당선자의 윤곽이 드러날 것이다.

산업화와 민주화로 이어진 자랑스러운 대한민국의 역사는 부끄러운 역사가 되어버렸고, 열심히 노력해서 성공한 사람들은 모두가 기회주의자가 되어버린 지난 5년이었다. 쓸쓸하고 불안하고 억울한 5년이었다. 누가 당선되든 새 대통령은 지난 5년간 역사와 국민의 가슴에 박힌 대못부터 뽑아야 한다. 새 대통령은 힘든 국민의 손을 잡아주는 대통령, 아무리 힘들어도 국민 앞에 웃음과 여유로움을 잃지 않는 대통령이기를 우리는 희망한다.

새 대통령은 지난 10년간 철 지난 이념대결과 지역, 계층, 노사간의 갈등으로 분열된 국민의 힘을 하나로 모아야 한다. 국민 대통합의 시대를 열어야한다. 선거과정에서 보여준 국민에 대한 사랑과 열정을 한결 같이 유지하면서 대한민국이 선진화루 나아가는 대도약의 기틀을 닦아야 한다. 그러기 위해서는 우선 실사구시(實事求是)의 실용주의적 정책으로 지난 5년간 우리 국민을 힘들게 하였던 낡은 이념을 뛰어넘어 더 넓은 미래로 나아가야 한다. 경쟁이 보장되는 자율적 시장경제로 더욱 매진하되 탈락자는 국가가 보호하는 따뜻한 시장경제, 정치적으로는 나와는 생각이 다른 반대자도 배려와 관용으로 동반자의 관계를 실현하는 대통령이어야 한다. 그래서 정치적 안정을 이루고 그 토대 위에서 그동안 우리 국민이 소망했던 바를 이루는 위대한 대통령이 되어야 한다.

새로운 대통령의 탄생은 새로운 정권의 탄생을 의미한다. 경험과 능력이 풍부한 인사들로 짜여진 정권의 출범을 기대한다. 인사가 만사라고 했다. 선거과정 속에서 혹은 당선자의 긴 정치역정 속에서 많은 사람이 기여했으리라 믿는다. 지난 정권의 실패를 반면교사로 삼아야 한다. 무능한 코드인사가 어떻게 우리 국정을 농단했는지 잊어서는 안된다. 선거과정의 공로를 잣대로 하여 인사가 이루어진다면 앞에서 열거한 국민의 선망의식을 제대로 실현할 수 없다. 선거업무와 국정업무는 다르기 때문이다.

새로운 당선자는 국민에게 약속한 바를 이제부터 하나하나 실행에 옮겨가야 한다. 공약을 다시 한 번 꼼꼼히 살펴보고 부족한 콘텐츠를 채우는 작업에서부터 시작해서 국민을 설득해야 할 일이 있다면 솔직하게 국민 앞에 협조를 요구하는 대통령이 되어야 한다. 일 잘하는 대통령이란 널리 적합한 인재를 등용하여 이들을 적재적소에 배치하고 이들을 잘 관리하는 것이라 생각한다.

대통령이 전지전능하지 않음을 국민은 잘 안다. 대통령이 모든 일을 직접 하려고 하면 해야 할 일이 한도 끝도 없을 것이다. 대통령 못해먹겠다는 소리가 그래서 나오는 것이다. 차기 정권이 국민을 안심시키고 국민들에게 희망을 심어주는 일은 인재등용에서부터 시작함을 잊어서는 안 된다. 그래서 경제성장으로 많은 일자리를 만들어내어 청년 실업자가 없는 나라, 오천년 문화민족의 자긍심과 새로운 시대정신으로 주변 국가들과의 선린 우호관계를 돈독히 하는 나라, 감세와 절약으로 성장과 복지를 동시에 이루어내는 새 대통령과 새 정부, 바로 대한민국 제17대 대통령에게 거는 국민의 기대다.

경상일보 | 2007.12.19.

>> 정치권 요요현상

'무소속' 혹은 '친박연대' 당선자들이 일괄 한나라당 입당이 허용될 전망이다. 그 동안 국민을 어지럽게 했던 이들의 입당문제가 해결될 전망이다. 한나라당의 개혁공천은 사실상 실패로 끝난 셈이다. 어찌되었든 이들 모두가 한국정치의 발전을 견인하는 귀중한 보배가 되어주길 바란다.

비만과 관련된 의학용어 중에 '요요 현상'이라는 것이 있다. 요요 현상이란 단식 등의 무리한 방법으로 단시간에 체중을 감량시키면 체중감량에 걸린 시간 보다 훨씬 짧거나 비슷한 기간 내에 체중이 도로 원위치 하는 현상을 말한다. 무리하게 감량하면 우리 인체는 이를 순순히 인정하지 않고 도로 원상태로 돌아가기 위해 반동한다.

예를 들면 평소와 똑 같이 먹고 움직이는데도 세포단위의 반응은 열량소비를 줄이고 지방을 축적하는 쪽으로 작동한다. 이 결과가 요요 현상이다. 요요 현상은 단순히 체중이 원상태로 돌아온

것으로 끝나지 않는다. 무리한 감량으로 근육성분 등 신체의 주요 성분이 빠져나간 자리에 건강에 해로운 지방이 대신 자리를 채워, 줄어든 체중을 보충한 결과가 요요 현상인 것이다. 요요 현상은 건강을 위협하는 중요한 경고음이다. 단기간의 무리한 체중감량은 금물이다. 체중도 서서히 감량해야 한다. 의학적으로는 1주에 500g 한 달에 2kg 정도가 적당하며, 감량된 체중유지를 위해서는 운동이 필수조건이다. 이렇게 피눈물 나는 노력이 있어야 체중감량에 성공하는 것이다.

이번 총선에서 정치권에서는 여야 모두 개혁공천을 표방하며 대대적인 살빼기를 단행했다. 여야 텃밭이라고 할 수 있는 영·호남의 현역의원 교체율은 무려 40%이상 이었다. 과히 개혁공천이라 할 만 했다. 그러나 그 결과는 실패로 끝나면서 정치권 살빼기는 도로 아미타불이 됐다. 무소속 당선자들의 몸값만 올리는 결과를 초래하고 말았다. 다소 늦은 감이 있지만 여당인 한나라당은 이번 개혁공천을 반면교사로 삼아 향후 정책추진에 있어 밀어 부치기식 개혁은 오히려 큰 부작용을 낳고, 실패로 끝날 수 있음을 명심해야 한다. 18대 총선에서 민심이 정치권에 던진 메시지를 끝까지 간직해야 한다.

경상일보 | 2008.05.22.

›› 경쟁을 배제한 교육은 퇴보 한다

최근 서울시는 과학영재고 설립을 추진 중이며, 내년 초 개교를 앞두고 있다. 하나금융그룹이 375억 원을 출자하여 서울에서는 처음으로 자립형사립고를 설립하는 것이다. 저소득층과 소외계층 학생에게는 장학금을 지급하여 균등한 교육의 기회를 제공한다고 한다.

울산에는 현대중공업, 현대자동차, SK에너지 등 우리나라를 대표하는 굴지의 대기업들이 있다. 이 기업들이 울산에 자사고를 만들어 울산의 우수인재들을 글로벌 리더로 육성하는 방안을 마련해 봄직하다. 우수인재는 국가의 자산일 뿐만 아니라 세계와 경쟁해야 하는 이들 기업의 자산도 될 것이다.

지구촌은 이미 구석구석까지 지식무한경쟁에 돌입해 있다. 가진 것이라곤 인적자원밖에 없는 나라에서 세계와의 경쟁에서 살아남기 위해서는 교육을 높은 수준으로 이끌고 가야하며, 그 방법과 수단은 바로 '경쟁'이다.

경쟁을 교육에서 배제하면 교육은 퇴보한다. 교육에서의 퇴보는 인재육성의 실패, 즉 인적자원의 개발이라는 최고의 부가가치 생산을 포기하는 것을 의미한다. 또한 경쟁에 있어 선부른 온정주의는 금물이다. 무한경쟁의 시대에 피교육자는 물론이고 교육자도 경쟁에 익숙해져야 한다. 학교도 다양성과 자율성을 바탕으로 경쟁해야 함은 학생과 교사를 위해서 당연하다.

일부에서 교육의 평등을 주장한다. 교육의 결과가 모두에게 똑같아야 한다는 주장이지만, 필자는 그 같은 주장에 동의하지 않는다. 교육을 받는 한 어느 누구도 그 결과의 차등으로부터 벗어날 수 없다. 그동안 고교 평준화 정책과 이를 유지하려는 온갖 규제를 통해 결과의 평등을 강제했지만, 그 대가는 하향평준화와 공교육의 황폐화로 나타났다.

공교육이 피폐해지면 교육수요자는 보다 나은 교육을 받기 위해 사교육 시장으로 나갈 수밖에 없다. 그렇게 되면 가난으로 사교육의 기회조차 가질 수 없는 학생이 생겨난다. 이들에게 사교육보다도 더 나은 교육기회를 제공하는 것, 이것이 교육에 있어서 진정한 평등이다. 학교가 하루 빨리 경쟁시스템을 갖춰서 사교육을 이겨내야 하는 이유가 여기에 있다. 국가와 지방정부는 공교육이 사교육과의 경쟁에서 이길 수 있도록 촉매자(Facilitator)의 역할에 추호도 소홀함이 없어야 할 것이다.

그런 맥락에서 올 들어 울산시교육청이 도입하려는 '수준별 수업'과 '방과 후 학교' 같은 자율화 조치는 어떠한 이유로도 흔들려서는 안 된다. 좋은 나무를 키우기 위해서는 토양과 기후에 맞는 묘목의 선택과 묘목의 굵기와 크기에 따라 키우는 방법이 다르듯이 교육도 학생 수준에 따라 달라야 할 것이다.

방과 후 학교를 통해 학원의 유명강사가 초빙돼 학교에서 학생들을 상대로 강의를 하게 된다면 이는 사교육의 기회를 확대시킴과 동시에 사교육과 공교육을 경쟁시키는 결과가 된다. 우리 선생님들이 학원 강사들과의 경쟁에서 이길 수 있도록 국가는 가능한 모든 지원을 아끼지 않아야 한다. 울산시교육청의 이번 조치로 공교육이 굳건히 뿌리를 내려 방과 후 학교는 물론이고 사교육의 필요성도 없어져서 이 땅에 진정한 교육평등이 실현되기를 소망한다.

조선일보 | 2008.6.11.

›› KAIST발 성공체험 우상화의 오류

영국의 역사학자이자 문명비평가인 아널드 토인비는 창조적 소수에 의해 역사가 바뀌지만 그들 소수는 과거에 일을 성사시킨 자신의 능력이나 방법을 지나치게 믿어서 우상화하는데 이를 성공체험의 우상화라 했다.

성공체험의 우상화는 자신의 경험과 신념에 따른 관심에만 집중하고 상대가 집중하는 대상을 바라볼 수 없으므로 소통이 단절된다. 그러므로 오류를 범하게 되는데 이를 성공체험 우상화의 오류라고 한다.

카이스트(KAIST)의 비극이 있은 후 우리사회의 마녀 사냥은 이번에도 예외 없이 진행되었다. 차등 등록금제를 비롯한 각계의 수습책과 경쟁완화를 통한 재발방지방안이 제시된 후 학사 및 교육개선안을 마련했다고 한다. 차등 등록금제가 잇따른 학생자살사건의 배경이라고 주장해온 총학생회는 당연한 조치라는 반응을 보였지만 일부 학생들은 등록금부과가 학업분위기를 자극하는데 큰 역할을 해온 만큼 학업분위기가 느슨해질 수 있다고 우려했다. 교육에 있어서 경쟁을 배제하면 교육은 퇴보한다는 것이 일선교사는 물론이고 교육학자들의 공통된 견해다. 적당한 경쟁을 통해서도 세계제일이 될 수 있다면 얼마나 좋을까.

KAIST의 비전은 미국 MIT를 능가하는 세계제일의 이공계 대학이 되는 것이다. 교수와 학생들은 이 비전에 동의했기 때문에 치열한 경쟁을 뚫고 그 일원이 되었던 것이다.

더 정확히는 KAIST의 부름에 응했다기보다는 그들 스스로 KAIST를 선택했던 것이다. 그리고 국민들도 국가 간 무한경쟁의 시대에서 최고의 인재를 육성하라고 세금으로 KAIST 영재들의 학비를 지원하는 것이다.

지나친 자만은 소통 단절 초래, 경쟁보다 협력 통해 최고 돼야

필자는 80년대 대학에 입학했다. 당시 의과대학은 졸업정원제로 학생들이 몸살을 앓고 있던 때였다. 필자가 다니던 대학도 예외는 아니어서 예과 1,2학년 때는 한해 절반 가까운 숫자가 유급되고 이중 몇몇은 대학을 떠나야만 했다. 아무리 열심히 공부해도 정원제에 묶여있으니 우리들 중 누군가는 탈락할 수밖에 없는 구조였다. 처절한 신음소리는 교실여기저기서 매일 터져 나왔다. 학업에 대한 고통뿐만이 아니라 뭔지 모를 시대적 소명에도 그 시절 우리는 아파했다. 교수는 물론이고 수많은 선배들도 우리의 처지를 이해했다. 그리고 무엇보다 중요한 것은 학우들이 서로를 이해하는 동병상린(同病相憐)의 마음을 가지면서 소통이 가능했다는 점이다. 그 소통을 통해서 우리들은 경쟁의 대상이기보다는 가장 가까운 협력의 대상임을 깨달아 나갔던 것이다. 서로를 위로하고 도움을 청하고 협력하면서 우리는 그렇게 어둡고 긴 터널을 빠져나올

수 있었다. 졸업정원제라는 그물 속에 갇혀서 혼자 빠져나가겠다고 날개 짓을 해댔다면 우리들은 어떻게 되었을까.

나는 여기서 KAIST학생들에게 기성세대의 경험을 이야기 하자는 것이 아니다. 그들을 옥죄는 환경을 조금이라도 바꾸는데 일조를 하고 싶은 것이다.

학우는 경쟁의 대상임과 동시에 가장 가까운 협력자임을 알아야 한다. 협력과 협동을 통해 어려움을 극복하라. 그리고 서로 소통하라. 반드시 고통은 줄어들 것이다. 대학도 협동과 협력을 더 높이 평가하고 보상하는 시스템을 도입하거나 강화해야 한다. 좌절과 패배감 속에서 신음하는 학우와 어떻게 아픔을 나누는지, 어떻게 그들의 짐을 서로 나눠가지는지.

고교내신에서 수능까지 경쟁의 고통 속에 허덕여온 그들에게 이제부터는, 세계최고가 되기 위해서는 협력이 경쟁보다 더 훌륭한 수단일 수 있음을 가르쳐야 한다. 일당백의 비정한 인재가 아니라 10명이 힘을 합쳐 1000명을 능히 상대할 줄 아는 인재를 가르쳐야 한다.

세계제일의 경쟁력은 내부의 경쟁을 통해서만 확보되지 않는다. 내부의 경쟁을 통해 얻은 학점만으로 사회인으로서 성공을 예측할 수 없다는 오랜 연구결과도 있다. 하버드, 스텐퍼드, 예일 등의 의학·법학·경영 대학원들은 사실상 학점제를 폐지했다고도 한다. 늦게나마 KAIST가 대학사회 즉 교수 및 학생들과 소통을 더 강화하겠다고 하니 다행이다. 그러나 서로가 자신의 세계를 공유해주기를 강요한다면 소통은 일어나지 않는다.

경상일보 | 2011.04.19.

›› 무엇이 위기를 불러 오는가?

동아일보와 서울대 한국정치연구소는 각계 오피니언 리더 100명에게 '차기 대통령이 추구해야 될 국정가치'를 물어보았는데, 많은 응답자들이 화합, 신뢰, 소통을 꼽았다고 한다.

화합과 신뢰는 소통을 통해서만 가능한데 바로 소통의 가치가 지금 우리나라 대통령에게 결여돼 있다는 안타까움을 반영하고 있다.

4·27 재보선 참패 후 김무성 전 한나라당 원내대표도 "한나라당의 위기는 대통령이 효율성만 강조하면서 의사결정의 과정을 소홀히 한데 그 원인의 일단이 있다"면서 대통령의 소통부재를 패배의 원인으로 꼽았다.

결과를 중요시하는 효율성만 강조하다보니 과정을 무시했다는 것이다. 의사결정 과정에서 사회 구성원 간의 의견충돌은 동서고금을 막론하고 반복되는 역사의 한 모습이며, 그럼에도 불구하고 공정한 시민사회를 향한 발걸음에서 서로의 다름을 좁히기 위한 치열한 논쟁은 필수 불가결하다. 바로 이 과정을 무시하면 소통은 불가능 해진다. 경제는 결과가 중요하기 때문에 비정하고 냉혹한 이성으로 효율성을 추구해야 하겠지만 정치에 있어서는 결과를 좇아 효율성만 중시하면 여하의 도덕적 가치들은 무시되기 쉽다.

인기영합정책 국민 혼란 초래, 합리적 의사소통 공간 마련을

도덕적 가치를 무시하고서는 올바른 통치비전을 제시하기 어렵다. 의사결정 과정에서 빚어지는 치열한 논쟁 속에서 국정철학의 근거가 마련되기 때문이다. 그동안 현 정부를 비롯한 한국사회의 주류가 의사결정과정에서 도덕적 가치를 소홀히 한 점은 없는지 냉혹히 돌아봐야한다.

국민과의 소통이 중요한 이유는 또 있다. 다가오는 총선과 대선을 앞두고 무상의료, 무상교육, 무상보육, 반값등록금 등 현재 정치권에서 쏟아내고 있는 복지관련 선동적 구호들에 대해서도 많은 국민들은 의아해 하고 한편으로는 불안해하고 있다. 천문학적인 재원을 어떻게 마련하겠다는 것인지? 이러다가 사회자원은 고갈되는 것은 아닌지? 감세정책의 철회만으로 가능한 것인지? 등등….

국민들의 이러한 의문과 불안해소를 위해서는 하루빨리 선동적 구호만을 외치는 정객들로부터 복지담론을 회수해야한다. 그래서 전문가들에게 공공담론의 장을 마련해 주어야 국민과의 소통이 이루어진다. 어제 한국대학교육협의회는 현재 정치권의 반값등록금 논쟁에는 재원마련방안이 빠져있다며 이제부터 본격적인 논의를 하겠다고 밝혔다. 반가운 일이다.

전문가들의 담론은 각 정파의 선동적 구호가 실현 가능한 것인지 불가능한 사탕발림인지, 국가미래에는 어떤 영향을 미치는지

제대로 이해할 수 있는 기회의 장을 제공할 뿐만 아니라, 사회 구성원들을 이성적으로 행동하도록 교육시키는 수단이기도 하다.

민주주의는 다수결이지만 여기에는 '구성원들이 이성적으로 생각하고 합리적으로 판단 한다'라는 대전제가 성립되어야 한다. 대전제가 성립되지 않으면 민주주의는 온전히 꽃필 수 없다. 국민들이 포퓰리즘에 속절없이 무너지는데 무슨 민주주의가 꽃 필 수 있겠는가.

빈부 양극화의 심화, 실업난, 고령화시대의 노후문제 등, 한국사회의 불안요소들과 표를 의식한 일부 정치인들의 포퓰리즘이 복합적으로 작용하여 만들어 내고 있는 현재 한국사회의 환경은 좌파 선동가들에게는 절호의 찬스이겠지만, 시장경제와 자유민주주의를 지지하는 대한민국은 역사의 실책을 반복 할 수 있는 위기의 순간이기도 하다.

경제학자가 아니면서도 2002년 노벨 경제학상을 수상한 미국 프린스턴 대학교의 심리학자 대니얼 카니먼(Daniel Kahneman)교수가 과학적으로 입증한 것은 "인간은 미래가 불확실 할 때, 논리적이고 합리적인 사고를 하는 것이 아니라, 비합리적이고 편협 된 사고에 의해 판단하고 결정 한다"는 것이다. 총선과 대선을 앞둔 시점에서 한국사회의 주류가 새겨들어야 할 말이다.

경상일보 | 2011.06.01.

›› 선동유전자

21세기 최고의 의학적 쾌거는 유전자의 발견이다. 비만유전자를 포함하여 인체 질병을 일으키는 유전자가 속속 발견되고 있다. 미국 소크 생물학연구소(Salk Institute for Biological Studies) 펩티드 생물학연구실은 섭취한 지방을 연소시키지 않고 저장하는 이른바 절약유전자(thrifty gene)를 밝혀냈다고 사이언스 데일리가 지난해 12월15일 보도했다. 식량이 귀해 굶어 죽는 일이 다반사였을 때 절약유전자가 있는 개체만이 살아남을 수 있었다. 먹을거리가 풍부해진 지금까지도 유전자가 퇴화하지 않는 바람에 우리가 섭취한 영양분은 모두 써버리지 않고 인체에 차곡차곡 쌓여 비만을 일으킨다. 연구결과 이 유전자를 없앤 실험용 쥐들은 연일 기름지게 먹어도 날씬한 몸매를 유지했다. 절약유전자는 없는 것이 행복이다.

지난해 뉴욕타임스지에 따르면 인간의 뇌 활동을 파악하기 위한 야심 찬 '인간 커넥톰(connectome) 프로젝트'가 미국 국립보건원의 지휘하에 본격화되고 있다고 한다. 기억 · 인성 · 재능 등이 뇌에 어떻게 저장되고 활용되는지를 알기 위해서다. 커넥톰이란 유전자

지도처럼 생명체의 신경망이 어떻게 연결돼 있는지 규명해 이를 도식화하자는 것이다.

커넥톰은 뇌의 혈류를 통해 간접적으로 뇌 활동을 파악하는 현재의 방식보다 더 상세하게 뇌 활동을 들여다 볼 수 있게 할 것으로 기대되고 있다. 이 프로젝트가 성공할 경우 암 · 당뇨병 등 난치병 치료에 신기원을 열고 있는 인간 유전자 지도 프로젝트와 함께 엄청난 의학적 진보가 가능해지게 된다. 신경과학자들은 '인간 커넥톰 프로젝트'가 뇌의 기능에 대해 엄청난 지식을 제공해 뇌질환 연구에 전기를 마련할 것으로 기대한다. 정상적인 뇌와 병적인 뇌의 차이를 파악해 뇌의 일정 부위를 수술로 제거해도 후유증이 남지 않도록 만들 수 있기 때문이다.

과학의 형태 빌려 주장하는 선동, 사회적으로 거짓말보다 더 위험

동·서양의 문명발전과정에서 가장 두드러진 차이점으로 과학의 시작을 들고 있다. 과학은 "그 것은 이렇다"라는 진리에 대하여 얘기하고자 할 때는 언제나 "그 것을 어떻게 알게 되었는가"와 같은 내용도 함께 말해야 함을 당연시하였고, 임의의 주장이나 결론이 과학적이게 하는 논리구조를 밝혀야 한다는 것이다. 임의의 주장이나 진술이 그러한 결론을 얻기까지 적용되었던 방법론의 타당성이 확보되지 못하면 사이비 비과학적 주장이나 선동이 되고 많다. 선동은 원인에 대해 미리 어떤 생각(anticipation)이나 추측(speculation)을 가지고, 그러한 생각을 부정하는 증거들은 무시하고 유리한 것들만 편견을 가지고 수집하여(선택적 편견), 마치 과학적 근거라도 되는 것처럼 포장(사이비 과학적 미신)하여 반복함으로서 몽매한

대중을 세뇌시킨다. 이념적, 정치적 목적을 위해 과학의 형태를 빌려 주장하는 선동이야 말로 사회적으로는 거짓말보다 더 위험하다. 광우병 파동과 4대강 정비사업 반대 그리고 천안함 폭침사건을 통해 우리는 이를 잘 알고 있다.

거짓말과 엉터리선동은 성공하는 경우 같은 효과를 발생한다. 선동은 거짓말을 하지 않고도 사람을 기만할 수 있다. 지난 6·2 지방선거에서 상대 서울시 교육감 후보를 매수한 혐의로 구속 수감된 곽노현 교육감은 구속직전 "시련이 닥친다고 해도 진실은 변하지 않는다"고 말했다. 여기에다 야권의 한 의원은 "구속사유가 없는데 구속시킨 것은 곽 교육감의 교육 철학을 무너뜨리는 정치적인 목적"이라고 비난했다. 범죄를 저지른 정치인들에게서 많이 들어본 소리다. 정치선동의 전형을 보는 듯하다. 정치인 중에도 선동능력이 뛰어난 사람이 있다. 여기에는 필시 어떤 유전자가 있을 것이라 추측해 본다. 우리의 인지기능 중에서 합리적인 이성은 억제시키면서 선동에너지를 폭발시키는 가칭 '선동유전자' 말이다. 과학적 가설로서 가능하리라 생각한다. 선동유전자 역시 향후 의료계가 밝힐 문제지만 만일 규명된다면 이는 인류사회에 커다란 공헌을 할 것이다. 열등감보다는 자만심이 나은 이유는 열등의식은 두고두고 자기 자신과 주위를 괴롭히지만 자만심은 자기수양과 교육을 통해 한순간 자긍심으로 바뀔 수 있기 때문이다. 선동도 자만심이 자긍심으로 바뀌는 것처럼 개인과 공동체사회를 위한 훌륭한 에너지로 멋지게 변할 수 있을 것이다. 그러므로 선동유전자는 없는 것보다 있는 것이 축복일 듯 싶다.

경상일보 | 2011.09.30

» 괴물

얼마 전 언양천에서 메기, 붕어, 미꾸라지, 피라미 등 수 백 마리의 민물고기가 집단 폐사하였는데 그 원인은 인근 농민들이 쓰고 남은 농약을 병 채 하천에 버린 맹독성 농약(엔도설판) 때문 이라고 한다. 골프장에서 이 농약을 과다 사용하여 사회적 문제가 된 적도 여러 차례 있었고 한때 우리가 먹는 채소류에서도 검출되어 우리를 놀라게 한 적이 있다. 엔도설판은 신경학적 독성이 강해 이 농약에 중독되면 간질을 포함한 신경학적 증상이 주로 나타난다. 사고 지역은 울산의 젖줄인 태홧강의 상류며 주위에는 수달 서식지와 반천댐을 포함한 울산시민의 식수원이 여러 게 둘러싸고 있다. 환경관계자들은 더 큰 재앙을 맞기 전에 대책수립의 필요성을 제기하고 나섰다고 하니 천만 다행이다..

지금 한강에서는 괴물이 나타나 전국이 난리다.

다름 아닌 '괴물'이라는 영화가 전국 극장가에서 폭발적인 반응을 보이고 있다고 한다.

2000년 2월 주한 미8군 영안실에서 시체방부처리용 포름알데하이드를 한강에 무단 방류하여 한국사회가 크게 술렁인 적이 있다. 영화의 도입부는 포름알데하이드라는 시체방부제를 미국인의 지시에 따라 싱크대를 통해 한강으로 연결되는 하수구에 무단폐기하는 것으로 시작한다.

그리고 십 수 년이 지난 오늘의 한강에 생명체의 돌연변이에 의해 생겨난 괴물이 한강에 나타난다. 많은 사람이 희생되고 괴물에 잡혀간 여중생인 주인공의 딸 현서를 구하기 위해 주인공은 물론이고 할아버지, 삼촌, 고모의 눈물겨운 사투가 그려지고 있는 가족애 물씬 풍기는 영화다. 주인공의 딸 여중생 현주는 결국 괴물에 희생되고 만다. 80년대 운동권 경력이 있는 삼촌의 화염병에 의해 괴물이 격퇴 당함으로써 이 영화는 끝난다.

미군기지의 폼알데하이드라는 맹독성 발암물질의 방출로 인해 한강이 오염되고, 이 독극물을 마시며 자란 어류가 한강의 돌연변이를 통해 식인 괴물이 되었던 것이다. 환경오염은 이러한 재앙을 언제든지 불러올 수 있는 개연성이 있기 때문에 우리 모두가 심각하게 고민해야 하는 것이다.

괴물을 통해 상징하고자 했던 감독의 의도가 무엇이었던 간에 영화가 끝나 후 흰색의 은막 위에는 또 다른 괴물들의 모습이 영화를 관람한 필자의 눈에 어른거리고 있었다.

한강의 괴물이 환경오염에서 생겨난 것이라면 자유대한의 정체성과 현재의 한국사회를 위협하는 이런 괴물들은 도대체 어떻게 해서 생겨난 것일까.

오블리스 노블리제를 실천하지 않았던 지난 반세기 동안의 한국의 지배세력? 아니면 노동자와 서민대중의 인권과 자유를 짓밟았던 역대의 독재정권일까? 원인이 무엇이었던 간에 자유대한을 신봉하는 자라면 지금 이 순간 정신 바짝 차려야 한다. 괴물이 더 큰 몸짓으로 다가오기 전에…

›› 대사증후군에 빠진 나라

대사증후군이란?

우리나라 성인의 사망원인 1위는 뇌 및 심 혈관질환이며 주요원인은 대사 증후군이다.

심장병·당뇨병·뇌졸중·고혈압 등은 과거에는 별개의 질환으로 생각했으나, 사실 이들은 하나의 나무에서 자란 형제로 몸통은 '인슐린 저항성'이라는 사실이 밝혀졌다.

인슐린은 세포 활동의 에너지원인 포도당을 분해해서 세포 안으로 집어넣어 주는 역할을 한다. 그런데 이 인슐린이 기능을 제대로 못하는 경우가 있는데, 이를 '인슐린 저항성'이라고 한다.

이렇게 되면 혈관벽은 두꺼워져 동맥경화를 초래한다. 뿐만 아니라, 몸에 나쁜 지방을 증가시키고 염분을 흡수해서 고혈압을 초래하고, 악화시킨다. 심하면 심부전 및 신부전을 초래하기도 한다. 인슐린 저항성에 영향을 미치는 주된 요인은 비만이다. 그것도 내장 비만이 주범인 것으로 알려져 있다. 과도한 스트레스와 노화도 영향을 미친다. 과식과 운동부족도 빼놓을 수 없는 원인적 요소다. 또한 유전적인 요인도 있다. 비만과 노화 등이 인슐린 작용을 담당하는 유전자를 고장 내는 데 관여하고 과식·운동부족 등이 이를 증폭시킨다. 고 인슐린혈증이 원인이 되어서 나타나는 초기의 여러 증상 즉 고혈당, 이상 지질 대사, 고혈압, 비만 등의 복합적인 형태의 질환을 통틀어서 대사증후군 이라고 한다.

개인도 사회도 대사증후군, 비만하면 경쟁력 줄어 현재 우리나라는 전체인구의 22%(남자30%, 여자 15 %)가 대사증후군 환자며 이는 아시아 1위다.

사회적으로는 어떠한가?

현재 우리나라공무원 수는 참여정부 3년 만에 2만5515명 명이 증가하여 약 60만 명에 이른다. 이중 장 · 차관급은 24명이나 증가하였다. 동학혁명 명예신청담당 공무원까지 생겼다고 한다. 공무원이 늘어나면서 각종규제건수도 그기에 비례해서 늘어난 모양이다. 뿐만 아니라 공무원이 늘어 1조2천억 원의 세금을 더 내야 이들의 월급을 준다. 여기에다 전직총리도 인정한 5%대의 낭비성 예산이 무려10조원이며, 신 정부청사건립에도 수 십 조원을 쓰고 있으니 한마디로 나라 살림은 중증 비만이다. 국가나 개인이나 비만하면 경쟁력은 줄어든다. 세계은행의 평가에 따르면 현재 우리나라 국가 경쟁력은 2002년보다 10단계 미끄러져 60위인 모양이다.

늘어나는 각종세금과 규제, 노사분규와 해마다 올라가는 임금, 기업은 중국으로 베트남으로 떠나고 있다. 이것은 사람의 인체로 따지면 비만으로 인해 생기는 인슐린 저항성이다. 그 결과 경기는 침체되고 실업은 증가하여, 올 상반기 대졸취업은45%, 이중에서 4명 중 1명은 임시직이며, 일자리도 1년 새 11만 9천 개나 줄었다고 하니 그야말로 취업현장은 악화일로다. 이것은 인체에 있어서 고혈당, 고지혈증에 해당한다. 거기에다 선거를 앞두고 범정부적 양극화 선동에 서로 내편 네 편으로 나눠어 핏대 올리며 싸우니 어찌 혈압인들 정상이겠는가.

현재 우리나라는 이들 모두를 가지고 있는 대사 증후군에 빠진 나라다.

진단은 나왔다.

어떻게 치료 할 것인가?

›› 엔트로피의 법칙

1865년 물리학자 클라우지우스는 우주의 진리로서 열역학 제1법칙(에너지보존의 법칙)과 함께 '우주의 엔트로피는 항상 증가 한다'는 열역학 제2법칙을 발표하였다. 실제로 엔트로피 개념의 정의는 매우 난해한 것이어서 1877년 볼츠만에 의해 수학적인 관계식이 유도되면서 비로서 엔트로피의 물리적 의미가 설정되었다.

엔트로피는 무질서한 정도를 나타내는 물리적 개념이며 이것은 항상 시간의 흐름과 함께 증가한다는 것이다. 예를 들면 얼음과 같은 고체의 물 분자는 질서정연하게 거의 고정되어 있는 반면, 액체상태의 물 분자는 얼음의 물 분자 보다는 조금 더 무질서하게 움직이고 기체상태의 물 분자는 질서 정연함을 잃고 더욱 활발히 움직인다. 자연계의 모든 물질은 얼음에서 물로, 물에서 수증기에서처럼 그것을 구성하는 입자의 자유도가 증가하는 쪽으로 변화되어 간다는 것을 수학적으로 증명한 것이 바로 열역학제2법칙, 엔트로피의 법칙이다. 법칙은 보편성을 지닌 진리에 가까우므로 거시세계에서도 모순됨이 없이 그대로 적용된다.

사회적으로는 원시 씨족사회에서부터 전제군주시대를 거쳐 지금의 민주주의 시대로 사회구성원의 엔트로피는 물 입자처럼 증가해 왔고, 앞으로도 그럴 것이다.

고대국가에서는 군왕을 중심으로 귀족, 평민, 노예계급으로 짜여진 엔트로피가 매우 낮은 사회에서 근대국가로 오면서 이들의 신분의 벽이 허물어지기 시작했고 인권의 신장과 함께 현대사회에 와서는 민주주의의 발달로 사회는 더욱 활발하게, 마치 물의 기체 분자가 움직이듯이 엔트로피는 증가되는 쪽으로 변화해 왔다. 과거의 눈으로 보면 혼란과 질서의 붕괴로 보이겠지만 이렇게 사회는 변화되고 발전해 왔던 것이다. 앞으로도 그럴 것이며 지금도 분자, 원자시대에서 나노 입자의 시대로, 아날로그시대에서 디지털의 시대로 엔트로피는 증가해 가고 있는 것이다..

이 우주의 진리 앞에서 2005년 지금 우리 대한민국의 사회는 어떠한가. 엔트로피는 시간과 함께 자연스럽게 증가되어 가고 있는가.

얼어붙은 지역. 계층 간의 갈등은 엔트로피의 증가와 함께 융화되고 섞여서 국민 통합의 시대로 가고 있는가. 경제는 더욱 활기를 띠고 세계 속으로 나아가고 있는가.

계층 간의 갈등은 해소되기는커녕 점점 깊어만 지고, 경제는 점점 침체국면으로 빠져들고 투자, 소비심리는 점점 냉각되고 있다니 뭔가가 잘못되었다. 법칙은 진리이다. 정부가 나서서 일부러 엔트로피의 증가를 막겠다는 심산이 아니라면 사회를 냉각시켜서는 안된다. 이것은 진리에 반하는 것이기 때문이다. 이 진리를 거슬러서는 아무것도 이루어 낼 수 없다. 투기를 근절시키는 것도 좋다. 그렇다고 건설경기를 냉각시키는 것은 이 진리에 역행하는 것이 된다. 시장경제의 원리도 마찬가지이다. 자유롭게 시장경제에 맡겨두면 엔트로피는 저절로 증가해서 점점 발전의 개념으로 나아간다. 이는 진리이다. 정부는 시장경제의 엔트로피가 더욱 더 잘 증가될 수 있도록 도와주기만 하면 된다. 지금처럼 경제적 불평등 운운하면서 분배개선을 강조하면 할수록 투자는 위축되고 경제 엔트로피는 감소한다. 경제가 냉각되어 엔트로피가 감소하면 서민의 생활은 힘들어 진다. (경제의 발전이 인류에게 재앙인지 행운인지에 대한 논의는 차치하고,)

정치도 마찬가지이다. 이 진리에 역행해서는 어느 정파도 발전할수 없다. 수구보수와 극 좌파적 논리만이 횡행하던 21세기 대한민국에 자유민주주의와 시장경제를 바탕으로 국가발전과 선진화를 꾀하자는 자연발생적인 국민운동인 뉴-라이트 운동의 출현을 보면서. 다시한번 열역학 제2법칙, 엔트로피의 법칙을 생각한다.

›› 전체주의 교육

전교조 달라져야 한다.

민노총의 산하기관인 전교조는 'APEC 바로 알기' 계기수업으로 사회적 물의를 빚더니 얼마 전에는 전교조 주체로 한국의 한 인기 영화배우가 미국과의 자유무역협정(FTA)반대하자며 고등학생을 상대로 'FTA가 체결되면 얼마 지나지 않아 한국은 망한다'는 주제의 계기 수업을 하였다..

민주주의 사회의 구성원은 어떤 이야기도 할 수 있고 또 할 수 있어야 한다. 그러나 누가 어디서(where), 누구를(who) 이라는 장소와 대상이 중요하다. 더구나 그 대상과 장소가 어린 학생들 앞이고 교실이라면 아무나 함부로 말을 해서는 안 된다.

시사적인 부분에 대한 교육은 필요하지만 여기에는 분명 어떤 위험이 도사리고 있어서 더구나 교육에 대한 초보적인 지식도 지니고 있지 않는 이들에 의한 계기수업은 진행 되어서는 안되고,

진행되더라도 이에 대한 방비책이 교사들로부터 강구되어야 하는 것이다. 왜냐하면 이념화된 조직의 강요나 어떤 이념. 신조에 절대적으로 찬성하는 자들이 그들의 목적을 위해서 교육을 이용할 수도 있기 때문이다.

특히 전교조처럼 이념적으로 고도로 조직화된 단체가 그들의 당파적 정신의 요구를 강요하는 독단론자들의 손아귀에 있는 한, 이들이 실시하는 시사적인 문제에 대한 계기 수업은 전체주의 교육이나 다를 바 없다.

당파적 싸움에 휩쓸리지 않고 젊은이들에게 사리에 따라 문제를 판단하게 하고 목전의 가치를 보고 선동을 받아들이지 않도록 그들을 보호하는 것도 교사의 중요한 직분 일진데 오히려 학생을 선동한다거나, 한쪽일방의 주장만 강요해서야 어찌 비난으로부터 자유로울 수 있겠는가. 이것이 전교조가 달라져야 될 할 첫 번 째 이유다.

교사의 직업적 가치는 모든 면에서 교사는 합리성과 독립성을 지니고 공정해 지고 냉정한 과학적 탐구의 영역으로 올라가려는 데서 찾아야 하고 남을 길들이는 교사의 역할을 비판적으로 거부하는 것이라 믿는다.

편가르기로 상대와 오랜 우방국에 대한 증오심을 조장하는 교육, 그리고 이념적 종속과 맹목적 복종을 위한 전체주의 교육의 결과는 그러한 교육을 받고 자란 젊은이들이 결국은 열광적으로 편협한 인간이 되어 자기나라 이외의 다른 국가의 국민과는 공통되는 기반을 공유 할 수 없고, 그래서 어떤 공통된 문명의 개념에서도 배타적이고 폐쇄적일 수밖에 없게 되며, 다른 이념과 문명은 배척한다. 교육현장에 뿌려진 증오의 씨앗은 언젠가 싹을 틔우기 때문이다. 전체주의 교육을 통해 개인의 자유와 행복은 무시하고 민족과 계급 같은 집단을 강조했던 나치즘과 파시즘 그리고 볼세비즘이라는 전체주의가 인류사회에 끼친 해악을 우리는 역사를 통해서 잘 알고 있다.

전교조가 변화되어야 될 두 번째 이유는 '6.25는 민족해방전쟁'이라고 주장하는 북한의 역사책을 토씨까지 그대로 베껴 그들의 학습교재로 삼으니 이들로부터 교육받고 자라는 어린 학생들이 친북 주체사관에 물들어 '김일성, 김정일 만세'를 외칠까 두려운 것이 그 이유다.

폐쇄적 민족주의야 좌 편향적 사람들이 늘 상 하는 예기지만,

세계화(Globalization)라는 시대흐름과 세계12위의 무역 대국이자 11위의 경제대국을 이룬 오늘의 우리가 가르치기 위해 공부하는 내용과 학생들에게 행하고 있는 수업내용이 이래서야 되겠는가. 대한민국의 미래는 교육에 달렸다.

전체주의 교육을 막아내지 못하면 세계화 시대를 맞은 지금 우리에겐 미래는 없다. 전교조가 달라질 수 없다면 해체되어야 한다.

>> 비상을 꿈꾸며

입춘이 지난 지도 벌써 보름째다. 일부 지역에서 매화가 피었다는 소식이 벌써 있었고 울산의 인근 야산 개울가에도 버들강아지가 피었다. 차갑고 매섭게만 느껴지던 바람도 이젠 흙냄새와 함께 제법 훈훈하다. 겨울 찬바람을 악착같이 버텨온 앙상한 나뭇가지에도 곧 파릇한 새순이 돋을 것이고, 한 겨울 태화강을 찾았던 겨울철새들도 내년을 기약하며 이제 곧 화려하게 비상할 것이다. 저 멀리서 봄이 오고 있는 것이다.

이 봄, 겨울철새들처럼 우리 울산도 세계 속으로 비상을 준비중이다. 울산은 이미 공업생산과 시민소득은 전국1위이며 단일도시 최초로 수출 500억 달러 넘어섰다. 이제는 2010년 1000억 달러 수출과 1인당 소득 5만 달러 목표를 내걸고 세계 속의 산업중심도시로 성장하기 위한 위대한 비상을 꿈꾸고 있는 것이다.

이를 위해서 울산산업특별시 추진을 위한 법안을 9월 정기국회에 제출할 예정이며, 여기에는 자유무역지정을 포함한 마스터 플

랜이 담겨져 있다고 한다. 행정특별법안형식으로 추진될 이 법이 입법 통과될 경우 그린벨트 및 절대농지 상당수가 개발규제에서 해제되고 울산지역 공장부지난이 상당부분 해소될 것이며 현재 고가의 공장부지도 중·저가로 공급될 전망이다. 뿐만 아니라 '동해안광역권개발 특별법안'이 울산출신 의원의 발의로 현재 국회에서 심의 중이라고 한다. 강원, 경북의 주요 도시뿐만이 아니라 우리 울산도 여기에 포함돼 있다.

이를 위해서 울산시는 물론이고 지역 국회의원 전원이 발 벗고 나서고 있다고 한다. 이미 울산에 본거지가 있는 조선 사업은 세계 최고다. 여기에 자동차, 석유화학, 비철금속 등 울산의 산업수도로서의 가치가 대한민국뿐만이 아니라 세계에 알려져 해외의 많은 기업의 투사가 줄시어 울산으로 몰려오고, 도시전체가 국제 비지니스의 거점이 되는 울산을 상상해본 적이 있는가. 이렇게 되면 울산을 떠났던 많은 기업들은 물론이고 세계적인 외국기업들이 울산으로 돌아올 것이다. 이를 위해서는 생태도시 울산의 건설이 먼저 선행되어야 한다.

정주조건이 열악하면 동물이고 사람이고 울산으로 돌아오기는 커녕 떠나려고만 할 것이다. 훌륭한 도시건설은 환경이 먼저인 이유가 여기에 있다.

승용차로 30분 거리 내외에 해발 1000m 이상 천하명산 울주7봉이 병풍처럼 울산을 감싸고 앞으로는 서생 진하에서 주전 정자까지 청정해역이 펼쳐진 자랑스런 울산, 여기에다 우리 스스로는 아름답고 푸른 생태도시 울산을 만들기 위해 2007년까지 550만 그루의 나무를 심어 푸른 울산을 건설하겠다는 계획이 당초보다 1년 앞당겨져 이미 561만 그루의 나무가 심어졌고, 올해부터는 도로변면, 옹벽 등에 덩굴식물 100만 그루 심을 계획이다.

태화강의 복원계획은 착착 진행되어 올해에도 더 많은 수의 연어가 돌아왔고 겨울이면 어김없이 수많은 개체의 철새가 비상하고 강변을 따라 수변 공원이 조성되고 야외풀장, 산책로, 자전거 도로, 음악분수대, 여러 레저 시설이 들어서고 사람과 여러 생물이 어우러져 살기 좋은 생태도시 울산이 건설되고 있는 것이다.

공해도시라는 자괴감에서 벗어나 산업과 어우러진 생태환경도시로 거듭나고 있는 것이다. 오는 22일 국제환경도시 심포지엄을 필두로 7월까지 5개의 환경을 주제로 한 국제적인 규모의 회의가 울산서 개최될 예정이며 세계청소년 축구대회도 울산서 개최된다. 울산이 세계 속으로 비상을 시작한 것이다.

조만간 고속전철 울산역사와 함께 울산 국립대가 들어설 것이다. 이미 전국 상위권대학으로 부상한 울산대와 함께 세계 최고의 인재를 길러 낼 것이다. 세계 속의 울산으로의 비상하기 위해서는 울산의 각 분야 지도자들의 안목과 국제적인 감각도 중요하지만 노동자는 물론이고 울산시민들의 힘과 뜻이 모아져야 한다. 곧 발족하게 될 시민주도의 '국제화추진협의회'의 활약에 대해서도 전체 울산시민의 기대가 모아져야 한다.

수십, 수 백 만리를 날아서(飛上) 결국 목적지에 도달하는 겨울철새들의 눈물겨운 여정을 생각하며 힘들지만 아름다운 비상을 통해 우리들을 목적지까지 무사히 이끌 위대한 울산의 지도자들에게 아낌없는 박수를 보낸다.

경상일보 | 20070.02.20.

›› 소비파업 이라니

최근 보도에 의하면 민주노총 울산지역본부는 울산 소상공인 연합회와 음식점협의회 등 지역 경제단체들이 노조의 파업중단을 촉구하자 이에 반발해 소비파업에 들어갔다고 밝혔다.

소비파업이란 민노총 울산지역본부에 가입된 수 만 명의 조합원들이 단체회식 · 외식은 물론이고 생존에 필요한 최소한의 소비 외에는 모든 소비의 중단을 의미한다.

여름휴가의 구매계획을 중단하고 자녀들에게 필요한 각종 비용조차도 이 달 이후로 지출을 연기하고 소비파업의 효과를 극대화하기 위해 생활에 필수적인 소비의 비용 즉 각종 회비 전기세, 아파트 관리비 등도 이달 말 이후로 결제를 미루기로 했다고 한다.

앙심을 품어도 단단히 품은 모양이다.

현대자동차를 비롯한 민노총 산하의 조합원(5만 여명)과 가족들의 수를 합하면 전체 울산인구의 20%이상을 차지하고 연봉 5천만원 이상 고소득자가 대부분인 현대자동차 조합원들은 물론이고 전체 조합원들의 구매력과 소비활동은 울산의 서민경제를 지탱하고 있다고 해도 과언이 아니다.

이들이 외식을 포함해 소비활동을 중단하게 되면 울산의 영세 상인들은 얼마나 고통스럽겠는가.

한 달도 버티지 못하고 문을 닫아야 하는 식당은 또 얼마나 생겨날까. 국가 경제가 어려운 이때 해마다 파업을 일삼는 그들을 향해 울산의 소상공인들과 음식점 주인들이 파업중단을 촉구한다고 해서, 듣기 싫은 소리 한마디 한다고 해서 아무런 죄도 없는 울산의 영세 상인들을 이렇게 위협하고 가슴 아프게 할 수 있는가. 정말 한숨이 절로 나온다.

아니 이제는 분노감마저 치솟는다.

울산의 영세 상인들이 누구인가. 삼겹살구이와 추어탕, 된장찌개와 열무국수는 물론이고 옷 팔고 신발 팔아 울산의 아들딸을 키우고 가르쳤으며 오늘의 산업수도 울산을 있게 하고 마침내 우리들이 반듯한 직장을 가지고 오손도손 행복하게 살 수 있도록 평생을 헌신하며 살아오신 우리들의 부모요 형님이며 누나였던 그들이 아니었던가.

이들 중에는 명예퇴직 후 전재산인 퇴직금을 가지고 창업한 이들도 있을 것이며 매달 종업원 월급을 주고 나면 정작 사장인 본인은 몇 달째 돈 구경 해보지 못하고 언젠가 경기가 좀 나아지겠지 하는 기대감으로 하루하루를 힘겹게 지탱하는 이들도 있을 것이다. 사정이 이러한데 이들을 향해 소비파업을 선언하는 민노총 구성원들은 울산에는 부모도 형제도 없는가. 무심코 던진 돌멩이에 개구리가 맞아 죽을 수도 있다는 사실을 정말 모르는가.

해마다 벌어지는 총파업의 굿판도 울산 시민들은 지겹고도 힘들어 하는데 듣도 보도 못한 소비파업은 또 무엇인가.

부모형제와 자식을 둔 사람들, 최소한의 양식이 있는 사람들이라면 소비파업은 없던 일로 해야 한다.

그렇지 않으면 울산시민들이 분노하여 당신들을 향해 달려갈지 모른다. 당신들처럼 머리에 붉은 띠를 두르고 당신들이 공권력을 향해 휘두르고 내던졌던 짱돌과 죽봉을 들고 총파업, 소비파업, 파업귀신 때문에 못 살겠다고 외치면서….

경상일보 | 2006.07.15.

›› 먹구름 뚫고 떠오른 희망(Vision)

새해가 밝은지 보름이 채 지나기도 전에 울산의 현대자동차 노조는 올해도 어김없이 파업을 결행했다. 이유야 어찌됐던 참으로 어두운 소식이다.

보름 전 수 천 수 만의 우리국민들은 남녀노소 할 것 없이 북한산에서 가지산, 문수산까지, 혹은 강릉 경포대에서 간절곶까지 이른 새벽부터 하얀 입김을 호호 불어가며 희망의 새 해(Vision)가 떠오르기를 소망(願)했다. 태양은 예정된 일출시간보다 1시간이 지난 오전 8시30분 짙은 구름과 바다안개를 뚫고 힘차게 솟아올랐다. 희망이 솟아오른 것이다.

그 희망은 온 누리를 찬란하게 비추었다. 우리의 몸과 얼굴뿐만 아니라 어둡고 우울했던 우리들의 마음속까지 환하게 비추었다. 모두가 기뻐 환호하며 저마다 한 가지씩 소원을 빌었다. 부모들은 경제가 회복되어 자녀들이 일자리를 갖게 해달라고 소망했을 것이며 집 없는 사람들은 집값이 안정되어 올해는 집을 갖게 해달라고 빌었을 것이다. 이 나라 각계각층의 지도자들은 지난 한 해

동안 우리국민의 가슴속에 드리워진 참담하고 어두운 그림자를 걷어내고 모두가 희망을 가지고 미래를 향해 나아가게 해 주십사고 빌었을 것이다. 그리고 무엇보다 울산시민들은 파업 없는 한 해가 되기를 소망했다. 보름 전 우리 모두가 꿈을 가슴에 새긴 희망찬 새해 아침의 모습이다.

꿈(Vision)은 소중한 것이다. 우리가 어떤 꿈을 갖느냐에 따라 우리의 삶과 사회의 미래 모습이 달라진다. 꿈이 없는 사회, 꿈이 없는 사람에게는 장래가 있을 수 없다. 우리는 지난 몇 해 동안 사회, 교육, 경제, 정치계에 드리워진 먹구름 속에서 방향감각을 상실한 채 많은 시간을 아파하며 우울하게 보낸 것도 사실이다. 흔들리는 법질서와 폭력시위대에 구타당하는 어린 전경들의 모습을 보고 아파했으며, 초등생의 절반 가까운 숫자가 '못 살아도 평등하게 사는 것이 좋다'고 답했다는 한국교총의 조사보고서를 접했을 때도 그러했다.

뿐만 아니라 전교조 소속 교사가 중학생 180명을 데리고 빨치산 추모제에 참석하여 이 자리에서 학생들이 빨치산을 추모하며 자랑스런 빨치산의 후예가 되겠다고 맹세했다는 언론보도라든가, 사법고시 합격생이 대한민국의 주적을 미국이라고 대답하고, 대기업 입사시험에서 적지 않은 수험생들이 자본주의 시장경제체제를 부정하는 듯한 답변으로 고배를 마셨다는 사실을 접하면서 우리는 '교육이 이러고도 우리가 한국사회의 희망을 이야기 할 수 있겠는가'라고 하늘을 우러러 탄식한 적도 있었으며, 정치적인 이유로 연일 파업을 일삼는 노조와 그로 인해 해외로 떠나는 투자자의 모습에 괴로워했다. 우리의 머리 위에 드리워진 먹구름이었다.

그러나 짙은 먹구름과 안개를 뚫고 희망이 떠오름을 우리 모두는 보았다. 노조의 정치적 파업과 명분 없는 파업에 등을 돌린 노동자의 수가 늘어나고 있으며 노사 간의 협력과 상생을 도모하자며 자유주의 노동운동연합이 결성되고 울산의 현대자동차에서도 합리적 노동운동을 표방하며 신노동연합회가 결성되었다고 한다.

얼마 지나지 않아 이와 같은 합리적 노조가 노동자의 지지를 받을 것이라 확신한다. 코오롱 노조는 얼마 전에 민노총을 탈퇴했다. 교육계도 마찬가지다. 수많은 교사가 주축이 되어 어린 제자들이 낡은이념에 세뇌되는 것을 막아내기 위해 자유주의교원조합을 결성했으며 날로 그 회원이 늘어나고 있다고 한다. 노동계와 교육계에 먹구름을 뚫고 비치기 시작한 희망(Vision)의 햇살이다.

올해 대선을 앞두고 정치 · 사회분야에 대해서도 걱정이 태산 같다. 오로지 권력을 잡기 위해 우리 사회의 양극화 문제를 정략적으로 쟁점화하여 부와 성공을 죄악시하며 충동질과 세몰이로 국민을 분열시켜 마침내 계급투쟁으로 몰고 가려는 세력들 때문이다. 그러나 정치·사회분야에도 희망의 태양이 떠오를 것이라 확신한다. 왜냐하면 6·25를 경험했던 세대들은 물론이고 전후 세대들도 지난 몇 년간 이를 경험하면서 그들의 몸 속에도 선동과 증오와 편가름이라는 악성바이러스에 대한 항체가 이미 생겨 있어서 쉽게 이들의 선동에 빠져들지 않을 것이기 때문이다. 증오와 원한의 촛불이 아니라 희망과 용기의 촛불을 들 것이다. 이렇듯 정치·사회·교육 등 우리사회 전반을 뒤덮었던 겹겹의 안개와 구름을 뚫고 찬란한 희망의 태양이 떠오른 것이다. 대한민국과 경제수도 울산의 재도약을 확신하는 이유다.

경상일보 | 2007.01.18.

›› 잘피의 추억

최근 울산시에 따르면 환경 수중생물인 잘피를 부산대학교 잘피 복원팀에 의뢰해 태화강 하류에 이식한 결과 복원이 성공적이었다고 한다. 정말 반가운 일이다. 잘피는 마치 잔디처럼 뿌리로 영양을 흡수하고 씨로 번식하고 광합성까지 하기 때문에 일명 '바다잔디'(seagrass)로도 불리는 수중식물이다. 뿌리는 잔디의 뿌리처럼 마디가 있고 마디마다 가는 수염뿌리가 나와 있다. 잘피는 주로 모래나 갯벌에서 자라며 잎이 푸르고 넓다. 반면 동해안 암반지역에서 주로 자라는 잎이 가늘고 짧은 것은 '말잘피'라고 한다. 어릴 때 필자의 고향에서는 잘피는 '몰케이'라고 불렀고 말잘피는 '몰재피'라고 불렀다.

필자의 고향은 지금은 공업단지로 변모한 온산(溫山)이다. 공업단지로 변모하기 전에는 지명에서 말해주듯 그리 높지 않은 산들이 병풍처럼 마을을 둘러싸고 마을 앞에는 맑고 푸른 동해바다가 하염없이 펼쳐진 곳이었다. 오염되지 않은 청정해역의 풍부한 어족자원으로 한때는 대한민국 농어촌 소득 1위를 기록하였던 곳이기도 하다. 동백섬(椿島 · 춘도)과 연자도를 중심으로 쪽빛하늘 아래 펼쳐진 넓고 푸른 고향의 앞바다는 어촌이 고향인 사람들에게는 누구에게나 그러하듯이 어린 시절 우리들의 놀이터였다. 연자도 앞에는 오염되지 않은 수 십 만평이나 되는 하얀 모래밭이 약 2km에 걸쳐 있었었다. 지금의 일산해수욕장이나 진하해수욕장과는 비교가 안 될 정도로 모래의 질이나 주변경관이 수려했다.

또한 수심이 어른 키 정도 되는 곳에서는 잘피가 군락을 이루고 있었다. 우리는 어릴 때 잘피를 자주 먹었다. 거칠은 겉잎을 쪽파 다듬듯이 한 겹 벗겨내면 보드라운 속살이 나오는데 먹어보면 그 맛이 향긋하면서도 달달했고, 먹고 나면 입안가득 향기가 돌았다. 먹을 것이 귀하던 그 시절에 잘피는 바닷가 어린이들의 훌륭한 간식이기도 하였다. 우리는 그때 형들이 뜯어온 잘피로 허기진 배를 채우면서 잘피가 군락을 이루고 있는 그 바닷가 백사장에서 여름이면 수영도 하고 모래성도 쌓으면서 하루 종일 놀았던 기억이 생생하다. 수경을 끼고 물속을 바라보면 바다 속은 온통 잘피가 숲을 이루고 있었다. 조류에 움직이는 잘피들의 모습은 마치 끝없이 펼쳐진 대나무 숲이 바람이 불면 우수수 소리를 내며 이리저리 움직이듯 하였다.

잘피와는 달리 말잘피는 고향 앞바다 어디서나 지금도 흔히 관찰되는데, 암반지역에 군락을 이룬 말잘피의 모습도 가히 장관이었다. 수 백 평씩 군락을 이룬, 조류가 밀려오고 밀려갈 때마다 너울거리는 말잘피의 모습은 마치 가을 고향언덕을 가득 메웠던 억새 숲이 소슬바람에 너울거리는 모습 같았다. 뿐만 아니라 군락을 이루지 못하고 외딴곳에 홀로 떨어진 말잘피가 낮은 너울파도에 움직이는 모습은 고운 여인의 잘 빗어 넘긴 윤기 나는 긴 머리카락이 이리저리 바람에 출렁거리는 모습과도 흡사하였다. 지금도 잊혀 지지 않는 필자의 추억 속에 생생한 고향 바닷가의 모습이다. 지용의 시 '향수'의 고향이 이보다 아름다울까.

전문가들에 따르면 잘피는 1㎡당 연간 206t의 부영양화 된 바다를 정화시키고, 각종 중금속으로부터 수질오염을 막아 준다고 한다. 뿐만 아니라 잘 형성된 잘피 밭은 해양 동물들, 특히 어린 물고기의 안식처이자 이들에게 먹이를 제공하는 서식처이며, 어미 물고기들에게는 산란장의 역할을 한다고 한다. 매일 광합성으로 수십 만 톤의 산소를 만들어내는 잘피밭이야 말로 연안환경을 정화시키고 적조를 예방하는 지상의 열대우림인 것이다.

울산시가 생태계 복원사업을 전개하면서 2005년부터 잘피 이식을 시도한 결과 모두 성공적으로 복원되고 있다니 여간 반가운 일이 아니다. 고향이 공단으로 변모하고 바닷가의 해안선도 각종 매립공사로 달라지면서 잘피도 자취를 감췄지만, 필자의 마음속에 간직된 고향의 바다에서는 수 십 만평의 수중 모래밭을 가득 메운 잘피가 아직도 밀려가고 밀려오는 조류에 너울거리고 있다. 울산시의 생태계 복원사업, 특히 잘피 복원사업이 울산 연안의 전 해역으로 확산되어 반드시 성공하길 기원한다.

경상일보 | 2007.09.13.

›› 스승의 날 전교조 선생님께

선생님, 전교조는 교원의22%, 약 9만 명이나 되는 교원이 가입된 우리나라 주요단체며 신분은 전원이 교사입니다. 그러므로 전교조 선생님들이 우리사회와 교육에 미치는 영향은 너무도 지대합니다.

며칠 전 신문지상을 통해서 발표된 바에 의하면 전교조 선생님들께서 5월 한 달 동안 중·고교생을 대상으로 노동절 계기수업을 할 예정인데 소개된 수업내용은 계급투쟁의 선동이라고 밖에 할 수 없는, 기업인이 마치 노동자의 피를 빨아 먹는 흡혈귀라도 되는 것처럼 묘사하고 있다고 합니다.

선생님, 근로자가 다치면 치료비도 주지 않고 해고하고, 해외여행이나 주식투자를 위해 월급을 제 때주지 않아도 문제가 안되고, 노동자들에게 잠시도 쉴 틈을 주지 않고 아무 일이나 시키는, 선생님들이 묘사하고 있는 그런 흡혈귀 같은 기업가가 2006년 대한민국 어디에 있습니까. 누굽니까. 대답을 할 수 없다면 그것은 전교조가 우리 아이들을 이념투쟁의 전사로 키워내기 위한 의식화 세뇌

교육이라고 단정합니다.

전교조는 1989년 5월 창립을 선언한 이후 마치 혁명집단처럼 행동하며 전교조 교사는 학생들에게 있어서 스승이라기 보다는 마치 노동혁명의 투사인양 편향된 정치이념과 반미투쟁을 학생들에게 주입시켜왔습니다. APEC때는 동영상 수업이 문제가 되기도 했습니다. 이런 식의 세뇌교육을 받은 아이들이 어른이 되었을 때, 그들이 이끌어 가는 사회와 그런 교육을 받고 성장한 개인의 삶은 어떻게 되겠습니까? 열심히 노력하여 성공한 사람들 까지도 혐오하고 시기하는 편협한 인간이 어떻게 사회에서 성공할 수 있겠으며 소박한 삶의 행복인들 어찌 맛볼 수 있겠습니까. 자신의 실패를 남의 탓, 조상 탓으로 돌리는 이들에게 어떻게 실패가 성공의 어머니일 수 있겠습니까.

선생님, 저는 중학교 1학년, 3학년인 아들과 딸을 가진 학부모의 입장에서 이 글을 올립니다. 욕심 같지만 제 자식들을 세계를 무대로 활약하는 자랑스런 한국인으로 키우고 싶습니다. 상대에 대한 편협 된 시각과 인접한 우방에 대해서 편견과 아집에 사로잡힌 세계관으로는 이것은 어렵다고 생각합니다.

저는 제 자식뿐만이 아니라 교육을 받고 있는 이 땅의 모든 제자들이 상대의 소리에도 귀를 기울이는 균형 잡힌 지식인으로 성장해 주기를 바랍니다. 이들이 올바로 성장해가기를 돕는 것, 이것이 바로 교사의 직분이라고 저는 배웠습니다.

교사는 정치적 선전원과는 달라야 합니다. 정치적 선전원의 눈에는 학생이 잠재적인 표로 보일 수 있기 때문에 시사적인 문제에 있어서 그들의 당파적 의도대로 학생을 선동함으로써 학생의 자연스런 성장을 멋대로 조절하고 방해하여 그들의 목적에 맞게 만들려고 할지도 모릅니다.

그러나 진정한 교사의 신분을 가진 사람이라면 혐오를 참고 시사적인 것에 대해서는 자기마음속에 품고 있는 말을 주의 깊게 삼가 하여야 할 줄 압니다. 왜냐하면 선생님들의 견해가 학생들에게 맹목적으로 주입되어 그들이 진리라고 믿고 있는 사실에 대해서도 다른 견해가 있을 수 있다는 것을 깨닫지 못 함으로서, 자유로운 토론에는 전혀 익숙하지 않게 되고 우리와 다른 생각을 가진 사람을 이해하기는커녕 혐오하고 공격하는 편협한 인간으로 성장 할 수 있기 때문 입니다.

선생님, 중학생인 두 자녀를 둔 아비의 심정으로 호소합니다. 진정으로 제자를 아끼고 사랑하는 스승이라면, 그리고 여러분에게도 성장하고 있는 소중한 자녀가 있다면 지금부터라도 그들을 이념투쟁의 전사로 키우기 위한 의식화 교육은, 그것이 여러분들이 가입된 전교조의 지침일지라도 중단하여 주십시오. 끝으로 5월 스승의 달을 맞아 이 땅의 모든 선생님들의 건승을 기원합니다.

경상일보 | 2006.05.04.

›› 울산의대 김문찬 교수 명예훼손 손배소 기각

전국교직원노동조합과 이 단체 소속 97명의 교사들이 울산대 의대 가정의학과 김문찬 교수를 상대로 일간지에 자신들을 비난하는 기고문을 실어 명예를 훼손했다며 제기한 손해배상 청구 소송이 26일 기각됐다.

울산지방법원 제2민사단독 김춘호 판사는 "원고들은 피고의 기고문이 불법행위에 해당함을 전제로 손해배상 청구를 했으나 기고문 자체가 불법행위에 해당하지 않기 때문에 기각했다"고 밝혔다.

전교조는 지난해 5월3일 김 교수가 경상일보에 '스승의 날 전교조 선생님께'란 제목으로 노동절 계기수업을 비판하는 기고문을 싣자 이 내용이 명예훼손에 해당된다고 보고 전교조에 1000만원, 나머지 원고들에게 20만원씩의 손해배상을 청구했다.

전교조는 김 교수가 기고문에서 '전교조 설립 이래 계급혁명의 이념적 · 정치적 지향점을 갖고 정신적 · 육체적으로 미성숙한 자신들의 제자들에 대해 교육자적 자세를 망각한 채 당파적 이해관계에 충실한 사람으로 키우기 위한 목적으로…세뇌교육을 시키고 있다'는 등의 사실을 적시한 표현으로 명예를 훼손했다고 주장했다.

그러나 김 판사는 "사실적시 부분이 명예훼손적인 표현이라 할 것이지만 두 자녀의 학부형이자 대학에서 학생을 가르치는 피고가 기고문에서 원고들의 정치적 이념에 관해 원고들과 다른 입장에서서 문제제기를 하고 비판하는 것은 언론의 자유 범위 내에 속한다고 보이므로 그 위법성이 조각돼 불법행위에 해당하지 않는다고 할 수 있다"고 밝혔다.

경상일보 | 2007.06.26.

» 울산의 새로운 봄을 그리며

봄이 왔다. 지난 주말, 밉살맞은 비가 제법 흩뿌리더니 거리 곳곳엔 연분홍 벚꽃 잎들이 반 넘게 꽃망울을 틔웠다. 곁의 친구들은 "작년보다 일주일쯤 빨리 핀 것 같다"며 "봄꽃놀이 한번 가자"고 호들갑이다. 그래서인지 화창하게 맑고 푸른 하늘에 발걸음이 설렌다. 따스한 햇살이 가녀린 꽃잎들을 어루만지고 있는 모습엔 가슴까지 따듯해진다.

하지만 볼을 스치는 바람에 움찔 놀란다. 아직도 찬 기운이 가시지 않았다. 가슴은 이미 봄인데, 바람은 아직이다. '시절도 모르고 들떠서 촐싹거리지 말라'는 경고인가 싶어 다시 매무새를 다잡고, 깃도 추슬러 여며본다.

요사이 시내 거리엔 짜랑짜랑하거나 빽빽거리는 기계음들이 시도 때도 없이 귓가를 때려댄다. 하나같이 예비 선량(選良)들의 제 자랑이거나 상대 흠 잡는 소리들이다. 중간중간 뭔 뜻인지 알아듣

기도 힘든 로고송들까지 끼어들어 스피커를 빵빵하게 울려댄다. 출퇴근 시간대엔 사거리마다 수십 명의 선거운동원들이 쏟아져 나와 온갖 현란한 몸짓도 선보인다.

그러나 정작 시민들의 살림살이를 걱정하는 진정성이 느껴지지 않는다. 가뜩이나 불안해진 경제여건 때문에 잔뜩 움츠러든 서민들의 어깨를 생각하면 '저게 다 뭔 짓거리들이냐' 싶어지기도 한다. 언론들도 '정책공약이 실종된 선거'라는 비난을 쏟아내고 있다.

이번 선거는 싫건 좋건 울산의 정치리더 그룹을 뽑는 선거다. 우리가 뽑은 그들이 앞으로 울산시민의 의견을 대표하고, 울산시민의 이익을 위해 일하게 되는 것이다. 그들이 사리사욕에 눈이 멀거나 당리당략에 빠져 민생을 외면하게 되면 그 폐해는 고스란히 유권자인 울산시민들에게 되돌아온다. 올바른 후보를 신중하게 가려 뽑아야 하는 이유다.

울산은 현재 중요한 변화의 시기를 맞고 있다. 2010년 1000억 달러 수출과 1인당 소득 5만 달러 목표를 내걸고 세계 속의 산업중심도시로 성장하기 위한 비상을 준비 중이다. 이를 위해 지역 정치권이 앞장서 줘야 할 일들이 산적하다.

자유무역지역 지정과 산업특별시 승격은 국제산업도시 울산을 만들기 위해 반드시 갖춰야 할 토대이다. 자유무역지역 지정 문제는 다행히 사전 적합성 평가를 무사히 통과했고, 올해 안에 최종 결정을 기다리고 있다. 지역 정치지도자들의 역량을 기대해 본다.

울산은 또 조선·자동차·석유화학·비철금속 등 산업에서 세계 최고의 경쟁력을 갖추고 있다. 하지만 고질적인 공장용지 부족난을 해결하지 못하면 새로운 도약을 기대하기 힘들다. 그래서 울산시가 추진중인 공단 300만평 추가 확보계획은 울산의 미래가 걸린

사안으로 평가되기도 한다. 지역 정치권이 앞장서서 풀어야 할 사안이다. 또한 '전국 최악' 수준인 울산의 교육 · 환경 · 의료 등 도시 정주(定住)인프라를 '살만한 수준'으로 끌어올리는 것도 시급한 과제다.

세계 유수의 기업과 투자가들이 줄지어 몰려오고, 도시 전체가 글로벌 비즈니스의 무대가 되어 북적대는, 그런 울산을 상상 해본 적이 있는가. 울산의 유권자들은 그 같은, 새로운 봄을 기대하고 있다.

조선일보 | 2008.04.01.

›› 울산시가 주목해야 될 또 한 가지

우리가 한곳에만 주목하게 되면 주위의 다른 대상은 보지 못하는 경우가 종종 생긴다. 이유는 하나의 대상에 주목하고 있으면 우리의 뇌는 주목받지 못한 대상을 억제하기 때문인데 이를 심리학 영역에서는 편향경쟁(biased competition)이라 한다. 그리하여 선택받지 못한 대상은 급기야는 하찮은 존재로 전락하여 망각되고 만다. 이를 주변 맹(盲, change blindness)현상 이라하며 주목의 기본 메커니즘이다. 마술사에게 속는 이유도 주변 맹(盲, change blindness)현상 때문인데, 마술사의 현란한 손놀림에 주목하다보면 뒷주머니로 들어가는 비둘기를 보지 못한다.

그동안 우리울산은 국립대학 설립, 오토밸리 조성, 신산업단지 육성, 경부고속철도 역세권 개발, 태화강 수질개선사업 등 크고 굵직한 사업을 차질 없이 진행해왔다. 올해에도 시정 50대 역점과제를 선정하고 사업추진을 진행 중이다.

울산시가 발표한 2011년 시정 50대 역점 과제를 살펴보면 경제

관련 그린전기자동차 연구기반 구축, 동북아 오일허브, 울산자유무역지역 조성, 등 11건, 환경관련 울산 4대강 생태하천 정비, 명품 녹색길 조성 등 10건을 포함하여 복지와 관련한 울산하늘공원 건립과 제2장애인 체육관 건립 등이다. 울산시 관계자는 "확정된 과제는 목표달성을 위해 세부 추진계획 수립 등을 통해 시정의 역량을 집중할 예정이며 우수 추진과제는 평가를 통해 다양한 인센티브를 부여할 계획"이라고 말했다. 50대 역점과제 중 어느 것 하나 중요하지 않은 것이 없다. 그러나 정작 중요한 보건의료와 관련한 시정정책이 빠져있어 아쉽다.

그 동안 울산시는 '아이 낳기 좋은 세상 운동본부'를 출범시키고 셋째 자녀 이상 낳은 가정에 출산장려금과 양육비를 지원하고 '울산 다자녀 사랑 카드'를 발급해 국가적으로도 심각한 저 출산 문제 극복에 앞장서 왔다. 저 출산 문제를 해결하기 위해서는 근본적으로 해결해야 될 문제가 많지만 가장 중요한 것은 신생아에 대한 의료 인프라의 구축이다.

특히 미숙아와 신생아진료를 위한 의료 인프라의 구축은 울산으로서는 시급한 상황이다. 울산의 경우 2009년 한해 출생한 미숙아만 정확히 552명이다. 여기에다 선천성 기형아 등 질환자들까지 합치면 이 수는 늘어난다. 이들은 모두 신생아 중환자실에서 집중치료를 받아야 되는데 현재 울산의 신생아중환자실 병상 수는 턱없이 부족하다. 환자발생이 많은데도 병상수가 부족한 이유는 중환자실의 경우 적자가 발생하기 때문이다. 병상 당 한해 적자가 수 천 만원에 달한다. 사정이 이러하다 보니 병원마다 중환자실 운영을 꺼린다. 국가지원 없이는 운영이 어렵다. 정부는 중환자실 운영을 위해 전국 광역단체별로 거점병원을 선정하여 상당한 금액을 지원하고 있는데 전국 광역자치단체 중에서 오직 울산만 제외되어있다. 울산의 종합병원 한곳은 적자에 견디다 못해 올해 4월1일부터 신생아 중환자실 운영을 중단할 예정이라 한다. 그렇게 되면 병상 수는 더욱 부족해져 울산전채 20병상이 안 된다. 울산의 미숙아들은 어디서 치료를 받아야 하는가? 어린 핏덩이를 서울로, 부산으로, 때론 전라도 어느 병원 중환자실로 보내야 하는 산모의 고통을 헤아려 보았는가? 신생아 중화자실의 운영을 위해 국가 지원 정책은 마련되어 있는데 유독 울산만 제외되어 있는 이유는 무엇인가?

미국 프린스턴 대학의 심리학자인 미국의 데니얼 카니먼 교수는 '주목은 생각을 규제하고 경험을 제한하여 중요한 의사결정이 필요한 순간 그 과정에 착오를 일으킬 수 있나'라고 했다. 신생아 중환자실 운영은 물론이고 지역의 보건의료 인프라 향상을 위해 국가가 지원하는 사업에서 매번 울산이 제외되는 이유는, 보건의료가 중요함을 인식하면서도, 울산시가 다른 주요 과제에만 주목함으로써 이를 보지 못했기 때문 일 수 있다고 필자는 생각한다.

그동안 울산의 보건의료관련 정책은 산업수도 울산의 우선순위에서 항상 뒷전 이었다.

사람마다, 집단마다 주목의 대상이 조금씩 다른 것은 사실이다. 여.야는 물론이고 기타 시민사회단체들도 마찬가지다. 그렇지만 진정으로 주목해야 될 대상을 간과해서는 안 된다.

도시 인프라 향상을 통한 정주조건(定住條件)의 개선은 의료 인프라의 향상 없이는 불가능하다. 지금부터라도 울산시는 지역의료 인프라 향상을 위해 범시민 역량을 결집해 가야한다

02

“인술제세의 꿈”

» 우머노믹스(womanomics)의 명암(明暗)

사방이 온통 녹음의 향기로 가득했다. 섬진강을 향해 달려가는 청음청정(淸音淸靜)한 계곡이며, 늙은 밤나무의 가지를 흔들며 지나가는 훈훈(薰薰)한 바람이며, 장마를 헤집고 떠오른 초승달까지, 산천의 모습은 어느 것 하나 당당하지 않는 것이 없었다. 지난주 하계휴가차 다녀온 지리산 화엄사 계곡(healing camp)의 풍경이다. 향기롭고 당당한 힐링캠프가 우리산천 어디 지리산뿐 이겠는가.

폭염이 기승을 부리고 있는 요즈음 울산지역 실업률이 14년 이래 최저라는 시원한 소식이 있어 반갑다. 특히 여성의 경우 작년에 비해 고용률이 47.3%에서 올해(2013)는 49.7%로 증가했다. 우리 울산도 여성들의 사회진출이 점점 두드러지고 있는 것이다.

경영의 대가 피터 드러커는 21세기를 '여성의 세기'로 정의했다. 인류학자 헬렌피셔도 "미래 산업구조에서는 여성이 남성보다 탁월한 능력을 발휘할 것"이라고 내다봤다. 상대방의 마음을 읽는 능력, 사회정의에 대한 순수성 등에서 강점을 가진 여성이 수평적

네트워크를 요구하는 21세기 업무에 더 적합하다는 것이다.

여성의 사회진출은 지금보다도 더 빠른 속도로 증가될 것이다. 실제로 미국이나 유럽에서도 지난 10년간 여성의 사회 진출이 남성을 압도했다. 우리나라는 아직까지 여기에는 미치지 못하지만 양성평등의 요구와 사회여건의 변화로 여성경제활동인구는 그동안 꾸준히 증가해 2006년 41.1%에서 2011년에는 58.96%에 달했다. 교사는 여성이 50%를 이미 넘어섰고 2년후 에는 국가직 공무원의 절반이상이 여성일 것으로 예상하고 있다. 이미 세계는 여성이 주도하는 경제, 나아가 주도하는 사회를 의미하는 우머노믹스(womanomics)로 가고 있다.

여성의 사회 진출이 늘면서 또 한 가지 눈에 띄는 통계적 수치는 여성에서 암 발생 증가률이 남성을 훨씬 앞질렀다는 것이다. 최근 10년간(1999~2010) 대한민국 암 환자 발병 통계를 보면 성별 암 환자 연평균 증가율은 여자(5.6%)가 남자(1.6%)보다 훨씬 높다.

사회적 권력의 여성이동(female shift)에 비례해 암과 같은 치명적 질환의 발생 또한 증가한 것이다. 바이러스가 주된 원인인 간암과 자궁경부암은 예방접종을 통해 줄어들고 있는 반면 잘못된 생활습관과 스트레스가 주 원인인 나머지 암의 발생은 매우 빠르게 증가하고 있다. 특히 유방암은 가급적 일찍 결혼해 아이를 많이 갖고 모유 수유를 하는 것이 최선의 예방책이지만 정작 현실(womanomics)에서는 결혼 연령과 출산 연령이 계속 늦어지고 있는 것이 문제다.

미국의 보건성장관이었던 줄리어드 리치먼드박사는 장관보고서(1979)에서 '현재 미국인 사망원인의 절반이상은 잘못된 행동과 습관에 기인하는 것이다'라고 했다. 현대인의 특징은 우선 바쁘다는 것이다. 바쁘다 보니 긴장이 연속되고 심지어는 불안하기조차 하다. 불안과 긴장은 심 혈관질환이나 암 발생의 첫 번째 위험요소다. 생각, 감정, 행동 등이 특정질병을 일으키는 원인이 될 수 있다는 것은 40년간에 걸친 프래밍험 연구가 이를 뒷받침하고 있다.

한국 여성에서의 암 발생 증가율이 남성을 앞지르게 된 것도 여러 가지 요인이 있겠지만 우머노믹스에 수반된 직무 스트레스도 한 몫을 차지하고 있으리라 생각된다.

마음의 질병은 반드시 몸의 질병으로 이어진다는 게 심신의학의 핵심이다. 현대의 성의라 칭송받는 하버드 의대 심신의학 연구소 허버트 벤슨 박사와 미국스탠포드 대학의 온스타인 박사는 "현대인의 질병을 치료하고 예방하는 약물은 인위적으로 개발할 수 있는 물질적인 것이 아니라 이미 우리 자신이 가지고 있는 마음을 활용하는 것이다"라고 했다. 동양의서에도 "마음이 어지러우면 육체에 병이 생기고 마음이 평온하면 질병이 치료 된다"고 했다. 바로 스트레스를 주목한 것이다.

여성특유의 애살스러움이 우머노믹스의 장점이기도 하지만 또 얼마나 여성의 애간장을 녹이겠는가! 우머노믹스의 시대에 이 땅의 모든 여성들이 스트레스를 슬기롭게 극복하길 바란다. 스트레스 관리(laugh)는 성공한 모든 사람들의 공통된 특징이기 때문이다.

경상일보 | 2013.07.19.

>> 단거= danger

추분이 지난지도 벌써 보름째다. 아직도 들판에는 뜨거운 열기가 폭우처럼 쏟아지고 있다. 무더운 가운데 곡식이 자라나고 따가운 볕으로 알곡이 익어간다. 들녘은 무르익어가고 있다. 벼들은 벌써 통통하게 알을 배었고 조금이라도 더 햇볕을 받을세라 태양을 향해 기세등등하게 잎을 세웠다. 기세등등한 벼들의 기(氣)가 논두렁 저만치서도 느껴질 정도다.

과거 이맘때면 벼멸구 방제를 위한 농약살포가 한창이었다. 밀짚모자와 질통분무기를 진 농부들의 분주한 모습을 골짝, 골짝 흔하게 볼 수 있었다. 필자도 이 무렵이면 어김없이 아버지의 노동보조대로 차출돼 수동식 유압 분무기에 열심히 분무질을 했어야 했다. 분무질을 가하면 긴 대나무 마디 마다 달린 노즐에서는 농약특유의 불쾌한 냄새를 풍기며 청백색의 액체가 분사돼 나왔다.

바람을 등지고 쓱쓱 전후좌우 논 중앙을 향해 나갈 즈음이면 나방 같은 작은 곤충들이 무수히 피어올랐다, 하얗게 떨어졌다. 그리

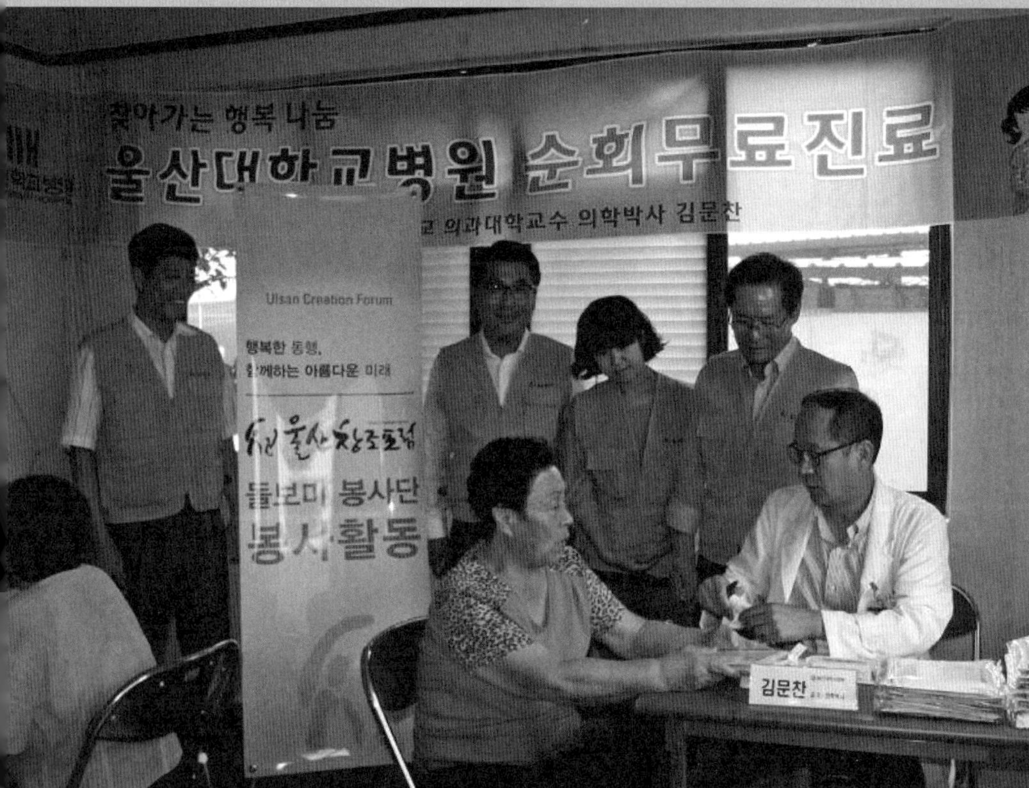
찾아가는 행복 나눔
울산대학교병원 순회무료진료
의과대학교수 의학박사 김문찬
Ulsan Creation Forum
행복한 동행,
함께하는 아름다운 미래
울산창조포럼
돌보미 봉사단
봉사활동
김문찬

고 간혹 바람이라도 있는 날이면 논에도 바다처럼 긴 너울이 일었다. 가끔은 왜가리도 날아올랐고 멀리서 뜸북이도 울었다. 졸졸 개울을 향해 흘러가는 떨어진 보풀꽃잎과, 보풀꽃잎 같은 흰 나방을 한없는 연민으로 바라보곤 했었던 기억이 새롭다.

그때는 농약중독 사고도 잦았다. 아래동네 누군가가 농약을 치다가 중독돼 병원에 실려 갔다는 등등의 이야기를 심심찮게 듣던 시절이었다. 농약은 조심히 다루어야 될 매우 위험한 물건이었다.

누구에게 농약병의 danger(위험)의 뜻을 물었더니 '단거( )'라고 답했다는 우스개 소리도 있다. 그런데 단거=danger(위험), 즉 단 것(sweet)은 위험하다고 하면 의학적으로는 틀린 말이 아니다. 우스개 거리로 지어낸 이야기가 '단 것은 건강에 위험하다'는 기똥찬 의학적 경구가 된 셈이다.

세계보건기구(WHO)에 이어 미국의사협회도 올해(2013년 6월19일) 비만을 공식질병으로 규정했다. 담배를 피워 발생된 폐암이 질병이듯이 잘못된 생활습관으로 생긴 비만도 질병이라는 것이다. 현재 우리나라는 성인 3명 중 한명이 비만이다. 비만은 당뇨와 심장병의 주된 위험요인일 뿐만 아니라 암을 포함한 여러 가지 질병의 발생위험을 증가시킨다.

1970년대 중반, 의학계에서는 심장병에 관한 맹렬한 토론이 있었다. 그 토론은 결국 '무엇이 그것을 초래하는가?'로 요약되었고 지방이 그 원인이라는 견해가 우세했었다. 그 결과 완전히 새로운 종류의 음식이 탄생했는데 이른바 '저지방 음식'이다. 하지만 지방이 빠져나간 자리를 설탕이 대신 채웠다. 대중들은 이 새로운 음식들이 건강할거라고 믿으면서 그것들을 받아들였다.

누군가가 지방을 설탕으로 바꾸는 것이 그렇게 좋은 것이었을까? 라는 물음을 던질 때쯤에는 너무 늦었다. 요즘 미국인들이 식품관련 가장 위험하다고 생각하는 것 세 가지는 광우병, 수은에 오염된 해산물, 그리고 고과당 옥수수 시럽(HFCS)이다.

1970년대 지방의 대체상품으로 개발된 액상(液狀)의 옥수수설탕은 기존의 분말 설탕보다 3배나 싼 이유로 우리가 생각할 수 있는 모든 음식, 물엿, 탄산음료, 분유, 피자, 각종 소스 등에 사용되기 시작했다. 그것은 더 달았고, 몇몇 과학자들이 주장하는 대로라면 중독성이 더 강했다.

과당은 몸속에서 지방으로 쉽게 전환된다. 그리고 과당은 렙틴이라는 필수효소의 활성을 억제한다. 그렇게 되면 우리는 포만감을 느끼지 못한다. 특히 음료에 포함된 경우에는 더욱 그렇다. 액상의 옥수수 설탕이 당뇨병. 심장병 발생 위험을 높일 뿐만 아니라 청소년 비만의 주요 위험요인이라는 연구결과가 소개되면서 여론에 민감한 몇몇 미국 식품업체들은 자사 일부제품에서 HFCS를 제거하고 있다.

미국인 소비는 줄어들고 있는 반면 한국인 소비는 점점 늘고 있어 문제다. 세계보건기구(WHO)는 당 섭취를 전체 열량의 10%, 미국심장병학회는 5%이내에서 하도록 권유하고 있다. 단 것은 위험(danger)하기 때문이다.

경상일보 | 2013.08.20.

» 지피지기로 지키는 건강

한 여인이 휠체어에 의지한 채 성경을 읽고 있다. 염포산을 넘어가는 저녁 햇살이 성경을 비춘다. 고요하다. 암 병동은 늘 이렇게 고요하다. 수많은 환자가 암과 시름하다 죽어가는 병동. 울산대학교병원 신관 9층은 암 병동이다. 필자의 연구실도 9층에 있다. 가끔 연구실을 들락거릴 때면 휠체어를 탄 암 환자를 자주 만난다. 얼마 전 이 병동에서 삶을 마감한 필자의 매형도 휠체어에 앉아 조석으로 필자와 마주했다. 오늘은 휠체어에 앉아 성경을 읽고 있는 중년의 여인을 만난 것이다. 덧없는 상념이 뇌리를 스친다.

한 아름다운 여인이, 휠체어에 의지하기까지 그 고통의 근원은 어디일까. 내 인생이 이게 뭐냐고, 부엌일을 하다 말고 바닥에 주저앉아 울부짖었을 시간은 얼마였으며, 결코 내가 맡아서는 안 될, 억지로 주어진 이 배역에 대한 분노와 증오의 시간은 또 얼마였을까. 현대중공업 제1공장 은색지붕 너머로 바라보이는 동해바다에는 오늘 따라 바람이 불고 거친 파도가 인다. 잠시 차 한 잔 마실

틈도 없이 응급실로 향한다. 막역하게 지내는 선배의 전화를 받고서다.

응급실 문이 흔들릴 때마다 보이는 것은 신음하는 환자들의 모습뿐이다. 배를 움켜진 환자에서부터 좁은 응급침대에 실린 환자들에 이르기까지. 다 괜찮을 거라고 말로는 위로를 하지만 그들의 참담한 시선은 애절하기만 하다. 중환자실 복도를 거쳐 다시 연구실로 향한다. 모니터를 통해 수술이 끝나기를 기다리는 보호자들은 모두 손을 모았고, 젊은 여인 하나가 계단에 주저앉아 소매 끝으로 눈시울을 찍는다. 창문너머에는 핏빛 같은 노을이 염포 산자락에 그윽하다. 거즈에 묻은 핏빛 같은 노을.

한국인 사망원인 중 1위는 역시 암이다(27%). 위암, 간암, 폐암, 유방암 등 인체 모든 장기에서 조직에서 발생하는 암을 합쳤을 때 그렇다. 2위는 심장과 뇌의 혈관손상으로 인한 사망이다(23%). 미국의 경우는 혈관손상으로 인한 사망이 35%로 1위, 전체 암으로 인한 사망은 2위다. 암과 혈관손상의 주된 원인은 늙어감에 있다. 그러므로 수명이 늘어나면 이들 질환 또한 늘어남은 당연한 이치다.

2013년 한국인 평균수명은 81세다(남자 77, 여자 84). 현재 살아있는 사람들의 기대수명은 남자는 95.5세요 여자는 100세다. 그리고 마지막 10년 중 5년 이상은 앓다가 간다. 고독과 아픔 그리고 죄책감으로. 죽음을 두려워하는 것은 어리석다고 어느 현자는 말하지만, 현재 한국 노인들이 두려워하는 것은 가난과 고독과 병마 앞에서 마지막 인간으로서 자존감마저 상실할까 그것이 두려운 것이다.

창밖에는 온통 겨울이다. 신축병동의 절개 면을 타고 오르며 온통 푸르럼을 수 놓았던 담쟁이 넝쿨도, 바람이 불때마다 향을 더하며 한 생애를 꽃피웠던 국화도 자취를 감추었다. 한 노인이 어린 손주의 손을 잡고 진료실로 들어온다. 팔순이 가까운 나이임에도 혈색과 자태에는 조금도 흐트러짐이 없다. 특별한 질환이 없는 데도 3개월마다 꼭 필자의 진료실을 찾는 분이다. 몇 번씩이나 건강하다는 다짐을 받고서야 밝은 표정으로 진료실 문을 나선다. 한국 노인들이 얼마나 늙고 병듦을 두려워하는지를 보여주는 대목일 것이다.

세월감에 늙는 것이 숙명이라 할지라도 질병은 우리의 노력으로 최대한 예방할 수 있다. 건강은 건강할 때 지켜야 한다. 암과 혈관 질환은 증상이 나타나면 이미 늦는 경우가 많다. 그러므로 정기적으로 꼭꼭 검진을 받아야 하고 예방을 위한 노력도 소홀히 해서는 안된다. 1979년 미국의 보건성장관이었던 줄리어드 리치먼드 박사는 장관보고서에서 "현재 미국인 사망원인의 절반이상은 잘못된 행동과 습관에 기인하는 것이다"고 했다. 건강을 지키는데 있어 가장 중요한 것은 지피지기다. 규칙적인 운동과 정기적 검진은 반드시 지켜져야 하고(지) 흡연과 과음, 과식은 피해야한다.(피) 그리고 이를 지속해야하고(지) 매사에 기쁘게 살아야한다(기). 갑오년 한해 야생의 푸른 청마처럼 우리국민 모두가 건강한 한해가 되었으면 좋겠다.

경상일보 | 2014.01.21.

>> 가을에 바라보는 성공노화의 모습

무성한 잎으로 농밀한 그림자를 출렁거리던 가로수들도 어느새 얼기설기한 모습으로 겨울을 맞을 채비를 하고 있다. 물기 잃은 잡목들 사이, 씨앗을 맺어놓고 말라 버린 안쓰럽고 쓸쓸한 덤불사이로 냉기를 품은 바람이 지난다. 들판은 어느새 가을걷이가 끝나가고 텅 빈 대지 위로 한 무리의 새들이 내려앉는다. 간단히 돌아가는 계절, 가을 들녘에서 맺고 소멸되는 일련의 과정을 지켜보며 성공노화의 참모습을 생각해본다. 노화란 무엇인가. 모든 생물체가 태어나서 성숙기에 이르고 나면 점차 기능이 약화되고 정지되어 결국 소멸되는 숙명적인 과정이 아니던가. 그렇다면 성공노화란 어떤 모습일까.

홀씨를 날려 보낸 억새들이 어느새 고개를 들었고 만추의 가을 햇살이 꽂혀 내리는 단풍 든 잎들이 비단처럼 윤기를 발한다. 뽕잎을 먹고 자란 누에가 명주를 뿜어내는 당연한 이치를 새삼 깨닫게 해주는 단풍의 계절이다. 단풍든 잎들은 하나같이 서로가 서로의

죽음의
고혈압
고지혈증

배경이 되어주며 빛난다. 열매를 맺은 엄숙한 순간에서부터 단풍으로 찬란하게 빛나는 순간까지 나뭇잎은 나이가 들수록 더 아름답다. 늙어 갈수록 더 새롭고 더 아름다워지는 꼭 우리 어머니 같은 모습. 묵묵히 한을 삭힌 자비로운 모습으로 마침내 소임을 다하고 미련 없이 떨어지는, 봄이면 다시 새싹을 틔우리라는 저 희생과 긍정의 모습이 바로 성공한 노화의 참 모습이 아닐까.

우리나라 국민의 평균수명이 80세를 넘어선지 오래다. 현재 살아 있는 사람이 얼마까지 살 것인가 하는 기대수명은 여자는 100세이고 남자는 99.5세다. 꿈에 그리던 100세 시대를 맞았건만 현재 우리 국민은 불행히도 마지막 십년의 절반, 정확히 여자는 5.9년, 남자는 5.5년을 앓다가 삶을 마감한다. 그렇다 보니 노인들의 인생 소망이 '구구 팔팔 일이삼'이라고 한다. 99세까지 팔팔하게 살다가 하루 이틀 가벼운 감기 몸살을 앓고 3일째는 귀천한다는 뜻이다. 인생의 성공여부는 이제 마지막 십년에 달린 셈이다. 100세 시대 어떻게 늙어가야 할 것인가는 인문철학자들의 몫이기도 하겠지만 직업이 의사인 필자로서는 역시 뻔할 뻔자 건강하게 늙는 것이다. 그래야 아름답게 단풍 든 낙엽의 모습으로 삶을 마감할 수 있으리라.

긍정적인 태도가 면역기능을 향상시켜 건강수명을 늘릴 수 있다는 연구결과가 최근 세계적인 '심리·노화학술지(Journal Psychology and Aging)'에 발표됐다. 호주 퀸즐랜드대학 연구팀이 65~90세 노인 50명을 대상으로 2년간 삶의 태도와 수명에 관해 연구한 결과 이같이 밝혔다. 연구를 주도한 엘리스 칼로케리노스 박사는 "대부분 사람은 노년기를 우울하고 어둡게 생각하는 경향이 있지만 젊은 사람보다 더 긍정적으로 삶을 사는 노인들도 있다. 건강한 삶을 살기 위해서 이번 연구 결과는 매우 중요하다는 것을 시사한다"고

전했다.

하버드 의대의 세계적인 심리학자 배리 그레이프 박사에 의하면 성공한 사람들의 특징은 첫째 공부하는 습관(learn), 둘째 노력(labor), 셋째 상대를 아끼고 배려하고 이해하는 마음(love), 넷째 순응 즉 내려놓는 마음(let go), 마지막으로 이 네 가지가 충족 되었을 때 생겨나는 여유와 긍정(laugh)이다. 긍정적 사고에서 좋은 말이 나오고 좋은 행동의 열매가 맺힌다. 이것이 바로 건강을 지키는 핵심임을 이번 연구가 다시 한 번 입증한 셈이다. 계절은 이제 깊숙한 가을로 접어들었다. 인생으로 따지면 노년기인 셈이다. 내 인생에 가을이 오면 / 나는 나에게 / 어떤 열매를 얼마만큼 맺었느냐고 물을 것입니다 / 그때 나는 자랑스럽게 대답하기 위해 / 좋은 말과 좋은 행동의 열매를 부지런히 키워야 하겠습니다 / 내 인생에 가을이 오면 / 후회 없는 삶을 위하여…. (윤동주, 내 인생에 가을이 오면)

청량한 가을 아침이다. 하나, 둘, 애증과 갈등을 남김없이 태워버린 고요한 단풍 사이로 무심한 바람이 지난다. 바람이 지날 때 마다 뚝뚝 낙엽이 진다. 성공 노화의 참 모습을 발견하는 행복한 만추의 아침이다.

경상일보 | 2014.10.27.

›› 건강보험재정정책 방향이 틀렸다

올해 건강보험 재정이 1조 원 정도 적자를 볼 것이라는 건강보험공단의 발표와 달리 보건복지부는 2000억 원 흑자를 볼 것이라는 전망을 내놨다. 두 기관의 전망이 엇갈리는 가장 큰 이유는 복지부에서는 약가 인하, 조제료 인하, 영상수가 인하조치를 감안했기 때문인데 최근 약가 인하와 영상수가 인하 정책이 법원으로부터 효력정지 처분판결을 받았다.

정부의 의약품 가격 5~20% 일괄 인하에 대한 제약업계의 '약가 인하 효력정지 가처분 신청'이 법원으로부터 받아들여졌고, 지난 21일에는 CT, MRI 등 영상장비에 대한 수가인하 정책도 법원으로부터 패소 판결을 받았다.

이로써 그간 복지부의 의료비 절감과 건강보험의 재정악화를 막기 위한 명분으로 추진됐던 정책이 소송으로 제동이 걸리면서 올해 건보재정 흑자 전망은 물론 복지부의 권위와 위상에도 심각한 타격을 받게 되어 안타깝다.

지속가능성을 위협하는 의료비 증가
건강보험 지출 시계열 모형 [미래위, 2011]
111조
62조
35조
지출 증가속도
한국 5.2%/년
OECD 1.5%/년
2014 2015 2016 2017 2018 2019 2020

보험재정 확충 재원마련 시급, 일방적 의료정책 불안 · 거부감

우리나라 건강보험 급여비용은 2002년 14조 7000억 원에서 작년에는 무려 34조 9000억 원으로 2배 넘게 증가했다. 더군다나 인구 고령화의 급속한 진전으로 인한 만성질환자의 증가는 물론이고 건강에 대한 욕구 및 다양한 신 의료기술의 증가로 국민의 의료비용은 점점 빠른 속도로 늘어날 것이다.

정부의 약가인하 정책에 제동이 걸리지 않았다 치더라도 싼 약을 쓰면 정부가 인센티브를 준다는 이유로 과거의 약에 비해 신약의 효과가 뛰어나고 부작용도 적은데 신약사용이 줄어들겠는가. 진단을 위한 검사 역시 마찬가지다. 의료정책은 의료공급자의 지지와 호응 없이는 성공하기기 매우 어렵다.

의료계는 현재 진행되고 있는 건보재정적자 해결을 위한 일련의 정부 일방적인 보건의료 정책 변화에 많은 불안과 거부감을 가지고 있는 것이 사실이다. 더욱이 지금처럼 의료자원의 공급은 민간위주로 하면서 재정은 공적차원에서 조달해야하는 구조 하에서는 의료공급을 둘러싼 과잉논란과 마찰은 지속 될 수밖에 없을 것이다.

현재 우리나라의 건보재정은 2012년에는 1조원, 2016년에는 10조원의 적자가 예상된다는 것이 복지부의 판단이다. 의료수가의 인상은 물가 인상분에도 미치지 못하는데 보험재정이 건전하지 못하다면 이는 다른 방향에서 원인을 찾고 해결책을 모색해야 하지 않겠는가.

한국의 의료공급이 지금의 수준으로나마 지속 가능하기 위해서는 단기적으로는 보험재정총액 확충을 위한 재원 마련이 시급하다. WHO의 권고대로라면 국민의 의료보험료를 지금보다 더 높은 수준으로 인상해야한다. 그래서 검사대비 진찰과 행위에 대한 수가를 현실적으로 인상시켜야 한다.

의원 경영유지조차 불가능할 정도의 진찰비와 행위수가로 인해 의원 경영 역시 검사에 의존해야 한다면 환자들은 더 좋은 검사시설이 있는 3차병원으로 향할 수밖에 없고, 그렇게 되면 중복검사 등으로 의료비용은 더 늘어날 수밖에 없다.

대한의사회와 건보공단이 늦게나마 지불제도 개선을 위한 공동연구 협의체를 구성키로 합의를 보았다니 그나마 다행이다. 보다 근본적이고 중장기적 대책으로는 한국의 개원의사(1차의료 전문의)들이 존경받을 수 있는 의료시스템을 구축해야한다. 왜냐하면 그들이 한국의료의 파수꾼(gate keeper) 역할을 해야 하기 때문이다.

파수꾼의 역할은 환자들의 존경과 신뢰 없이는 불가능하다. 보험급여의 상당부분을 3차 대형병원들이 차지하고 있고 의료비 상승 또한 그들이 주도하고 있는 한국의 의료현실에서 3차 대형병원으로의 무조건적인 환자유입을 저지 할 수 있는 파수꾼(gate keeper)을 키워내지 못하면 보험재정은 심각한 위기에 직면할 것이다.

마지막으로 제안하고 싶은 것은 의료수요는 욕구에 의한 것과 필요에 의한 것으로 구분될 수 있는데 예를 들면, 더 아름다워 지고 싶은 욕구, 더 건강해지고 싶은 욕구, 늙고 싶지 않는 욕구 등등이 전자에 속하고 나머지는 후자에 속한다(필수의료). 후자의 필수의료를 행하는 개원가는 유럽의 여러 국가(영국, 독일 등)들처럼 국가가 수입을 보전해 주는 정책도 도입해 볼만 하지 않을까? 어쨌든 보험재정 적자 해소를 위한 이번의 국가정책은 방향이 틀렸다.

경상일보 | 2011.11.01.

>> 고령화 시대, 보건의료체계개선을 위한 담론을 촉구하며

단계별 무상급식에 관한 서울시 주민투표가 개표를 위한 득표율에 미치지 못함으로써 무산되었다. 이로 인해 민주당을 포함한 진보진영의 무상급식, 무상보육, 무상의료 등의 무상시리즈가 탄력을 받을 것으로 예상된다.

건강보험평가원에 따르면 2011년 1분기 65세 이상 노인진료비는 3조 4468억 원으로 전년 동분기 대비 10.3%(3227억 원)증가, 요양급여비용은 10조 8910억 원으로, 전년 동분기 대비 8.1% 증가했다. 이는 전체 급여비용의 3분의1을 차지하는 액수다. 우리나라의 65세 이상 노인인구는 501만 9000명으로 전체 인구의 10.2%다. 즉 전체인구의 10%에 불과한 노인들이 우리나라 국민전체의 의료급여비용의 3분의1을 차지하고 있다는 얘기다. 거의 모두가 은퇴한 연령이므로 이들 중 의료보험료를 내는 경우도 10% 미만이다. 나머지는 젊은 세대가 다 물어야 한다.

일찍이 산업화가 시작된 구미각국과는 달리 우리나라의 고령화 속도는 매우 빨라서 향후 10년 후면 고령화 인구는 지금의 2배가 될 것으로 예측되고 있다. 질병발생은 나이가 들수록 늘어난다. 암, 심장질환, 중풍, 치매 같은 중증 질환역시 마찬가지다. 노인에게서 이들 질환의 발생률이 높으니 의료비용 또한 늘어날 수 밖에 없다.

OECD회원국들의 의료비지출 증가율 가운데 한국은 포르투갈, 체코에 이어 3위를 기록하고 있다. 노인인구가 지금보다 2~3배 늘어날 머지않은 장래에 의료비 지출의 급팽창문제가 우리사회에 어떤 파장을 던질지 쉽게 예상 할 수 있다. 고령화 사회의 근본적인 문제들은 폭발 일보직전까지 쌓여 있다가 한 순간 폭발한다. 여기에 대비할 수 있는 시간도 얼마 남지 않았다.

노인인구 증가 의료비 지출 부담, 보험료지불제세 개선책 마련을!

급속한 고령화 등으로 부실 우려가 커지고 있는 우리나라 건강보험에 대해 세계보건기구(WHO)는 지난 8일 "건강보험료를 지속적으로 인상하고 본인 부담금을 차등화 하라"고 권고했다. 선진국들에 비해 적게 내고 적은 혜택을 받는 우리나라의 건강보험제도에 근본적인 문제가 있다는 것이다. WHO가 가장 강조한 것은 '점진적이고 투명한 보험료 인상'이다. 우리나라가 선진국 수준의 의료 복지를 지향하면서도 국민들이 내는 건보료는 OECD 국가들과 비교해 크게 낮아 보장성(전체 진료비에서 건강보험이 내주는 돈의 비율)을 끌어올리는 데 한계가 있다는 것이 WHO의 분석이다. WHO는 "한국은 보험료 인상이 정치적인 요인으로 결정되는 것 같다"고 지적하고, "보험료 증가분을 단순한 비용으로 접근하지 말고, 앞으로 낼 병원비를 미리 낸다는 입장에서 국민을 지속적으로 설득하라"고 제안했다.

이와 관련 보건복지부는 지난17일 오전 보건의료미래위원회 제6차 전체위원회를 통해 보험료 부과체계 개선과 관련, 직장가입자, 고액의 임대·사업 등의 종합소득에 근로소득분 보험료와는 별도의 보험료를 부과하고, 부담 능력이 있는 피부양자의 무임승차를 방지한다는 심의 안건을 상정해 통과 시켰다.

중장기적으로는 열악한 보험재정 확충을 위해 직역에 관계없이 부담능력에 비례해 보험료를 부담할 수 있도록 모든 소득에 보험료를 부과하는 소득 중심의 부과체계 개편을 추진 중이라고 하니 그나마 다행이라는 생각이 든다.

그러나 건전한 보험재정을 위해 무엇보다 시급한 것은 만성질환관리를 포함하여 보험료지불체계의 전반적인 개선책이 마련되어야한다. 진료량을 늘려야 수익이 증가하는 행위별수가제도하에서는 질병발생이 늘면 진료서비스양도 극대화되어 나타나므로 고령화시대의 의료보험재정은 시간이 갈수록 열악해 질 수밖에 없다. 우리나라 건강보험 재정은 지난해 1조 3000억 원의 적자를 냈다. 선진 각 국은 미래에 닥칠 자국민의 안전과 건강을 위해 보건의료의 체계를 손질하는데 온 힘을 쏟고 있다. 우리도 보건의료체계의 올바른 방향을 위한 거시담론을 결코 소홀히 해서는 안 된다. 더 늦기 전에 고령화시대 한국의 의료 환경을 어떻게 향상시킬 것인지 큰 그림을 그려야 할 때다.

경상일보 | 2011.08.26.

›› 나비효과와 건강

나비효과(The Butterfly Effect) 란 용어를 처음으로 사용한 사람은 미국의 기상학자인 에드워드 로렌츠로 알려져 있다. 로렌츠가 1979년 미국 워싱턴에서 열린 한 발표장에서 '브라질에 있는 나비의 날갯짓이 미국 텍사스 주에 발생한 토네이도의 원인이 될 수 있을까?'라는 제목의 논문을 발표하면서 나비효과란 말이 일반인들에게 널리 퍼지기 시작하였다.

즉, 나비효과란 작은 변화가 결과적으로 엄청난 변화를 초래할 수 있다는 의미를 뜻한다. 나비효과의 예에는 여러 가지가 있을 수 있으나, 무엇보다도 그 이론이 가장 잘 적용될 수 있는 부분은 바로 우리의 건강과 인생이라고 생각한다. 독일인의 격언 중에 '모든 사람은 자신의 성격으로 인해 죽는다'라는 말이 있는데, 정말 공감이 간다. 그리고 성격이 곧 운명이라는 말도 있다. 이 말은 성격으로 인한 작은 습관이 자신의 운명은 물론이고, 죽음을 초래할 수도 있다는 의미이다.

바보야! 습관을 바꿔!
나비효과와
건강
The Butterfly Effect of the Health
김 문 찬 저
비만과 죽음의 4중주
어떻게 하는 것이 가장 효과적인
건강관리법일까 · · · · ?
고려의학

우리는 살아가는 동안 매우 사소한 사건 또는 우연한 만남 하나가 그 당시에는 잘 몰랐지만 지나고 보면 인생을 완전히 변화시킨 계기가 되었음을 직·간접적으로 경험하고 있다. 초등학교 시절 감화받은 담임선생님의 말씀 한마디, 부모님의 칭찬 한마디, 고난에 봉착했을 때 '넌 할 수 있어' 혹은 '우리는 널 믿어'라는 격려의 말 한마디가 우리의 인생에 끼치는 영향은 바로 나비효과로 인해 나중에 엄청난 변화를 가져올 수 있다는 사실을 알아야 한다.

반대로 '넌 안돼'라는 식의 부정적인 꾸중한마디가 자녀나 제자를 평생 열등의식 속에 살아가게 만들 수 있다는 사실도 우리는 기억해야 할 이다.

인간의 삶이 지닌 특성 중 하나가 나비효과라면 지나친 억측일까! 그러나 과학자들이 자신들의 고유 영역인 자연을 대상으로 연구하다가 나비효과를 발견했고, 나비효과가 세상사에도 적용된다는 것을 우리에게 이해시켜 주었다.

나비효과와 건강에 관한 구체적인 예를 들어보자. 현대인의 사망원인 중 가장 많은 부분을 차지하는 것이 심·혈관질환이다. 그리고 이 질환의 뿌리는 대사증후군이고, 대사증후군의 뿌리는 비만이다. 어릴 적부터 잘못된 조그만 한 식사습관, 생활습관 하나가 커서는 먹고 싶은 것, 하고 싶은 것은 반드시 해야 직성이 풀리는 성격으로 발전하게 되고, 이것이 결국 돌이킬 수 없을 정도로 엄청난 건강상의 문제를 초래할 수 있다.

역으로 매일 몇 분간의 체조, 명상, 규칙적인 운동, 특히 어릴 때부터 몸에 배여 습관이 된 규범 있고 절제된 생활이 우리의 인생과 건강에 미치는 긍정적 영향은 막대하다. 어쩌면 우리의 운명을 결정지을 만큼 중대한 것인지도 모른다.

한 가지 더 담배를 예를 들어보자. 담배에는 26종의 A급 발암물질은 물론 이루 헤아릴 수 없을 만큼의 건강위해 인자가 포함되어 있다. 뿐만 아니라 담배 한 개피를 피우면 11분의 수명이 단축된다. 50년간 매일 한 개피를 피운다고 가정하면 생명이 7년이나 단축된다.

개인경제에 미치는 영향도 대단하다. 국민은행에서 추정한 자료를 보면 매일 1천 500원 정도의 담뱃값을 저축하면 10년 후 만기 수령액이 1천 만 원을 넘고, 50년이면 무려 7억 원에 달한다. 요즘엔 담뱃값이 거의 두 배 가까이 올랐으니 금연의 경제적 효과도 엄청나다.

결론적으로 금연이라는 생활사건 하나가 암 및 심혈관 질환발생의 상당부분을 예방, 우리의 수명을 연장시킬 뿐만 아니라 엄청난 액수의 경제적인 이익을 가져다준다고 할 수 있다. 겉으로 드러나는 금연의 대략적인 효과만 해도 속된 말로 우리의 사주팔자를 바꿔놓기에 충분하다. 우리 주변에 이러한 예는 많다. 이제 우리의 건강과 행복한 삶을 위해 서둘러 작은 씨를 뿌리자. 이것이 가져올 인생의 나비효과를 생각하면서….

경상일보 | 2005.08.03.

» 비만과 트랜스지방

일본 도쿄대학교 의학부 종양외과 연구그룹은 내장 지방 세포에서 분비되는 '아디포넥틴'이라는 호르몬이 위암의 성장을 억제한다고 밝혀냈다. 위암의 성장을 억제하는 아디포넥틴은 정상 지방 세포에서 분비되는데 내장 지방 세포가 거대화해 비만상태가 되면 위암성장을 억제하는 물질인 아디포넥틴의 분비양이 감소한다. 결굴 비만하게 되면 위암에 걸릴 확률이 높아지는 것이다. 비만이 국민건강의 심각한 문제로 대두된 지도 벌써 오래다. 세계보건기구(WHO)는 이미 비만을 질병의 하나로 분류하고 있다. 한국 성인 남성의 비만은 10년 전에 비해 2배, 성인여성은 1.5배 증가 했으며, 어린이 비만은 3년 사이에 3배나 증가했다.

미국의 경우에는 정상인군에 비해 비만군에서 위암의 발생위험은 2배라고 한다. 현재 우리나라의 위암발생률은 세계에서 일본 다음으로 2위다.

울산광역시 암 등록 사업본부에 따르면 최근 3년 동안 울산의 위암발생은 1121건으로 전체 암 질환 중 21%로 최고다. 비만은 심혈관 질환 뿐 만이 아니라 이제는 위암의 위험요인이므로 심각한 국민보건의 문제가 아닐 수 없다.

2006년부터 직장인 건강보험료로 월 4.48%에서 4.77%로 인상될 예정이다. 아무리 건강보험료를 올리고 진단기술이 첨단화되고 신약이 개발돼도 이들 질환으로 인한 사망률은 좀체 줄어들지 않는다.

늦은 감이 있지만 한국식품의약품안전청은 2008년부터 학교 내 매점이나 자판기에서 탄산음료, 트랜스지방이 많이 든 과자, 패스트푸드를 판매하는 것도 일절 금지하는 방향으로 시행령을 마련함은 물론 부모와 어린이들이 식품을 가려서 선택할 수 있도록 다양한 영양표시제도도 실시할 계획이라고 한다. 트랜스지방의 섭취를 제한함으로서 심 혈관 질환의 예방효과는 20%가 넘을 것으로 예상하고 있으며, 이 이외에도 당뇨, 비만, 고혈압 등의 예방효과까지 감안한다면 더 미룰 수는 없는 국민보건의 문제다.

국민영양분석보고에 따르면 우리나라 어린이들의 트랜스 지방의 평균 섭취량이 어른의 3배라고 한다. 과도한 지방섭취는 어린이 비만의 주요 원인이며 특히 트랜스 지방은 지방 중에서 건강에 가장 해로운 지방이다.

우리가 먹는 감자튀김, 식물성 쇼트닝, 마가린, 여러 과자류에 겉면에 반짝거리며 윤이 나는 지방이 바로 트랜스 지방이다. 이 지방을 장기간 섭취하면 인체에 해로운 혈중 콜레스테롤과 중성지방은 상승되고 몸에 필요한 유익한 지방성분은 오히려 떨어뜨린다. 이중으로 인체에 해를 끼치는 셈이다. 결국 혈관 내막이 손상을 받아서 동맥경화를 유발한다.

트랜스 지방은 영양학적 관점에서도 잠재적 위해가 큰 반면 이

득은 없으며 건강에 미치는 위해는 오염된 음식, 살충제의 잔여물보다 크다는 것이 학계의 공통된 견해다. 의학적으로는 섭취를 안하거나 하루필요 열량의 0.5% 미만으로 섭취 할 것을 권한다.

미국 뉴욕시는 7월1일부터 모든 레스토랑에 트랜스 지방이 함유된 기름을 사용하지 말라고 지시했다.

한국에서는 지난해 6월부터 8월까지 식품의약품안전청이 시중에 유통되고 있는 식품을 대상으로 조사를 실시한 결과 트랜스 지방이 5%를 초과하고 있는 식품이 무려 23개 품목에 이른다고 한다. 트랜스 지방의 위해성이 대대적으로 보도되고 난 직후인 최근에서야 대부분의 대형 식품, 제과, 제빵 업체들이 트랜스 지방의 제로화를 선언하고 나섰다.

식약청에서는 정기적으로 이들 제품을 조사해 기준치를 초과한 제품은 국민에게 널리 알리고 정부차원의 홍보강화와 엄격한 기준치를 마련해 이를 법제화해야 한다. 모든 의료인도 환자진료 시 트랜스 지방의 섭취와 비만을 줄일 수 있는 방법에 대해서 교육하고 조언할 것을 잊어서는 안 된다. 위원회공화국이라는 대한민국에 질병예방위원회가 없다는 것이 유감이다. 정부는 지금이라도 미국과 캐나다의 질병예방특별위원회의 활동을 보고 배우라.

경상일보 | 2007.03.21.

보험료 전체소득의 5.8%
현재 우리나라 의료보험 보장성
진료비 63%(의료비 본인부담
1% 보장성 확상:5천억

대한민국 국민병

'2005년 낭뇨병 진국표본조사'의 분석결과에 의하면 우리국민 13명중 1명이 성인 당뇨병(제2형 당뇨병)을 앓고 있다고 한다. 성인당뇨병이란 인슐린 분비가 되지 않아 생기는 제1형 당뇨와는 달리 인슐린 분비는 정상이나 분비된 인슐린이 여러 가지 이유로 제대로 작동하지 않아 생기는 것을 말하며 40대 이후에 주로 발생한다고 하여 성인당뇨병이라 불린다. 현재 추정 환자는 300만 명을 넘는다. 치료비용은 약 3조 2000억 원으로 전체 건강보험료의 약 19%를 차지한다. 당뇨로 인한 한국인 사망률은 인구10만 명당 35.3명이다. 이는 OECD국가 평균의 3배에 해당하며 한국이 가장 높다. 합병증은 인체에 치명적이며 쉽게 치료되지 않는다. 분석결과에 따르면 최근 한국은 매년 30만 명씩 당뇨병이 증가하고 있다고 한다.

국민의 건강수준이 이래서는 나라의 장래가 밝을 수 없다. 성인당뇨병 발생의 병리기전은 세포 활동의 에너지원인 포도당을 분해해서 세포 안으로 집어 넣어주는 역할을 하는 인슐린이 제대로 기능을 못함으로써, 핏속의 포도당은 세포로 들어가지 못해 고(高)혈당 상태가 되고, 세포는 세포대로 포도당을 섭취 못해 배고픈 상태가 된다. 뇌는 췌장에 인슐린 생산량을 늘리도록 지시한다. 췌장은 계속하여 인슐린을 만들어 내지만 작동을 못하니 혈당은 좀처럼 내려가지 않는다. 이와 같은 악순환으로 이제는 핏속의 포도당뿐만이 아니라 인슐린 농도마저 높아진다.

인슐린이라는 호르몬은 그리 간단치 않아서 첫째 인슐린은 세포가 자라고 커지게 하는 작용이 있다. 그 결과 혈관 벽을 두껍게 하여 동맥경화를 초래하고, 둘째 지방분해효소를 자극해 몸에 좋은 지방(HDL)은 감소시키고 몸에 나쁜 지방은 증가시킨다. 또한 분해된 지방을 내장에 저장시켜 내장형 비만을 초래한다. 셋째 신장에서 나트륨의 재흡수를 초래해 수분을 저류시키고 그 결과 고혈압을 초래하기도 하고 악화시키기도 한다. 심하면 심부전 및 신부전을 야기하기도 한다. 이 외에도 요산을 증가시켜 통풍을 유발하기도 한다. 뿐만 아니라 혈중의 높은 혈당은 나중에 신경과 세포를 파괴하는 독성물질로 전환된다.

당뇨병으로 인한 각종 합병증(중풍, 심근경색, 당뇨병성 망막증 등)의 대부분은 이렇게 해서 생겨나며 당뇨병은 또한 유방암, 위암, 췌장암, 대장암 등 암 발생의 위험을 크게 증가시킨다. 한국이 다른 OECD국가에 비해 3배 이상 늘어난 이유는 농경사회에서 산업화 시대로 접어들면서 먹을거리가 풍부해진 반면 신체 활동량은 급격히 줄어든 오늘날 한국인의 생활습관이 바로 일차적 원인이다. 뿐만 아니라 최근 늘어난 국민적 스트레스도 단단히 한 몫을 했을 것이다. 그 동안 전국의 보건소는 물론이고 병·의원에서도 당뇨·비만교실을 운영하는 등 많은 노력을 하였으나 당뇨는 좀처럼 줄어들지 않고 있다. 당뇨는 잘못된 생활습관뿐만 아니라 스트레스가 주범이기 때문이다.

우리나라 직장인의 95%가 심각한 수준의 스트레스를 받고 있으며 이는 미국, 일본 보다 심하다고 한다. 일반 국민의 스트레스도 상당한 수준일 것으로 추측된다. 당뇨의 예방과 치료를 위해서는 정부가 적극적으로 나서서 국민의 스트레스를 줄여줘야 한다. 그러기 위해서는 국민이 무엇 때문에 스트레스를 받고 있는지 똑똑히 알아야 한다. 우선 비만한 정부의 몸통을 줄여서 국민의 세금부담을 경감시키는 것이 가장 우선일 것이다. 세금으로 인해 휘발유 값이 세계에서 최고다. 미국의 7배여서야 말이 되는가.

이과수폭포로 연수간 공기업 감사들처럼 국민을 분노케 하지 마라. 민주니 비민주니 철 지난 구호로 국민을 네 편 내편으로 갈라놓고 싸우게 하지 마라. 국가정체성을 확고히 해서 구국의 노병들이 한여름 뙤약볕 광화문광장에 모이는 일이 다시는 없도록 하라. 대학을 졸업하고도 일자리를 구하지 못해 전전긍긍하는 100만 청년실업자와 그 부모들이 받는 스트레스도 이만 저만이 아니다. 100만 청년실업에 대한 대책을 하루속히 세워라. 보건소에서 행해지는 당뇨병 교육뿐만이 아니라 이 것이 국민병인 당뇨의 예방과 치료를 위해 정부가 해결해야 할 선결과제다.

경상일보 | 2007.05.22.

›› 항상성

외부환경은 수시로 변동하지만 여기에 적절하게 대응하는 각 부위 세포조직들의 활동으로 생명체는 항상 일정한 내부 환경을 유지하고 있는데 이를 항상성(恒常性)이라고 한다. 체온을 예를 들어 설명하면 우리인체의 체온은 36.3~37.2℃로 일중 변동폭이 1℃이내로 거의 일정하다. 환경의 변화로 주변온도가 내려가서 열 손실량이 많아지면 우리 몸은 자동적으로 추위를 느끼면서 근육이 율동적으로 수축하는 떨림 현상이 나타나 체온을 정상적으로 유지하려고 한다. 그리고 의식적으로는 몸을 따뜻하게 하여 체온을 일정하게 유지하기 위한 노력을 하며 대사를 촉진시켜 열 생산을 돕는데 기여하는 갑상선 호르몬을 포함한 여러 호르몬, 신경전달물질 등도 동시에 분비된다. 그 결과 우리 체온은 항상 일정하게 유지되는 것이다.

이와 반대로 더울 때에는 열 생산을 억제하고 열의 손실을 증가시키는 방향으로 세포와 조직이 작동한다. 근육 긴장과 움직임이 줄어들고 대사촉진 호르몬들의 분비가 자동적으로 감소하고 혈관이 확장되고 땀이 나면서 열을 방출시켜 체온을 정상적으로 유지한다. 그러나 이러한 조절기능도 한계가 있어 위기적 변화가 장시간 지속되거나 자주 반복되는 경우에는 우리인체는 이러한 조절기능을 잃고 결국에는 개체의 생명유지가 어렵게 된다. 체온 저하증이나 열사병은 체온조절의 항상성이 깨어진 경우로 신속히 적절한 치료를 하지 않으면 생명을 잃는다.

외부환경은 물론이고 질병으로 인한 내부 환경의 변화에 잘 적응하여 항상성을 유지 하려면 조직을 구성하는 세포가 건강해야 됨은 물론이고, 각 조직들 간에도 협동과 협력 상호조절의 기능이 정상적으로 작동해야 한다.

우리 인체는 긴박한 사태에도 자동적으로 대처하여 항상성을 유지 할 수 있게 되어있다. 이와 같은 과학적 사실은 보편적으로 적용되며 우리사회도 여기에서 예외일 수 없다. 회사의 경우를 예를 들면, 회사를 구성하는 세포단위인 직원 각자가 건강하고 이들로 구성된 재무, 경영, 노사조직이 건강한 회사는 외부환경의 어지간한 변화에도 항상성이 유지되므로 끄떡없이 성장해간다. 그러나 회사를 구성하는 세포단위인 직원이나 이들이 모여 구성된 회사의 각 조직이 건강을 잃게 되면 조그마한 내부 혹은 외부의 변화에도 적응하지 못하고 항상성을 상실하여 결국 망하게 되는 것이다.

뿐만 아니라 회사의 재무나 경영 등의 조직이 아무리 양호하고 건강하다 하더라도 내부, 혹은 외부의 시련과 스트레스가 장기간 반복적으로 작용하게 되면 건강했던 회사도 항상성을 잃게 되고 회사는 병이 깊어져 쓰러지게 된다.

선진국의 기술 장벽과 중국을 포함한 주변 경쟁국들의 성장으로 인한 외부환경의 급격한 변화는 우리나라 기업으로서는 심각한 부담이 아닐 수 없다. 여기에다 파업까지 보태지면 기업에는 치명적이어서 어지간한 기업은 무너지기 십상이다. 현대 · 기아자동차 회사도 여기에서 예외일 수가 없다. 현대 · 기아차노조의 명분 없는 정치적 파업은 그 횟수나 파업강도 등의 영향력을 감안했을 때 기업항상성을 파괴하기에 충분하다. 그 동안 자동차 노조의 온갖 비리와 명분 없는 파업으로 이미 시장과 고객은 성(怒, anger)이 나있다. 더 늦기 전에 지금이라도 자동차노조는 자신의 생명을 위협하는 파업이라는 자해행위를 중단하고 회사가 처한 위기를 극복하기 위해 서로 힘을 모아야 한다.

우리는 현대 · 기아자동차회사의 구성원들의 사고(思考)와 품성이 대부분 건강하므로 이 위기를 극복하고 기업항상성을 잘 유지하리라 믿는다.

필자의 연구실에서 창밖을 보면 바로 현대중공업 정문이 보인다. 현대중공업은 이미 오래 전에 파업의 구호가 사라진 회사다. 자타가 인정하는 세계 제1의 기업이다. 정문을 지나면 바로 우측으로 노조사무실로 쓰이는 건물이 있고 그 뒤에 대 조립 공장이 있다. 이 공장의 바깥 벽면에는 큰 글씨로 '우리가 잘되는 것이 나라가 잘 되는 것이며 나라가 잘되는 것이 우리가 잘 될 수 있는 길이다'라는 창업정신을 담은 문구가 쓰여져 있다. 지금이야말로 현대 · 기아자동차 구성원들이 기업항상성과 함께 우리가 잘 되는 길이 무엇인가를 숙고해야 될 시점이다.

경상일보 | 2007.06.21.

청소년 비만예방 대책을 반기며

울산시 교육청은 전국에서 처음으로 학생들의 건강 증진과 비만 방지를 위해 이번 2학기부터 달리기와 줄넘기 같은 기초운동만 잘해도 체육내신점수를 높게 받을 수 있게 할 모양이다. 늦게나마 교육청의 청소년 비만방지와 건강증진을 위한 이번 방침을 환영한다. 보건복지부가 발표한 2009년 국민 건강통계에 따르면 소아청소년(만 2세~18세)의 비만유병률은 남자 10.8%, 여자 7.2%다. 20년 전에 비해 2배 이상 증가되었다. 청소년기의 비만은 성인비만으로 이어진다. 우리나라 19세 이상 성인의 경우 국민 3명당 1명이 비만이다(남자 35.7%, 여자 25.7%). 울산도 이와 비슷하다.

비만학생 성인병 · 암 위험 높아

서구형 식사 패턴이 도입되고 육류 섭취가 늘어나면서 한국인의 비만은 점차 증가되고 있다. 게다가 유전적으로도 한국인은 지방을 처리하는 능력이 서양인에 비해 떨어진다. '초식동물'에 가까웠

2F 일반음식점
강남공인중개사
CAFE & BAR

던 한국인에게 최근 20~30년 사이 일어난 급격한 생활양식의 변화가 바로 한국인 비만의 급격한 증가 원인이다. 세계보건기구(WHO)에서는 지난 2004년부터 비만을 질병으로 분류하고 있다. 비만이 소아청소년에 나타나는 경우 성인이 되었을 때 당뇨병이나 암, 그리고 심·혈관계 질환이 발생할 위험은 더 높아진다. 이러한 질병은 의료비 증가의 주요 원인이기도 하다.

지방 세포는 예전에는 몸의 에너지원으로, 지방을 비축하는 역할만을 하는 세포라고 생각되었다. 그러나 최근의 연구에서 지방세포는 여러 가지 생체활성물질을 세포 밖으로 분비하고 있음이 밝혀졌다. 이들 물질은 유방암, 위암, 대장암의 발생에도 영향을 미쳐, 비만하면 이들 암에 걸릴 위험이 높아지는 것이다. 비만은 위암뿐만이 아니라 유방암과 대장암을 2배 가까이 증가시킨다. 북미 암학회에서 75만 명을 대상으로 실시한 전향적 연구에 따르면 비만한 사람의 암의 상대위험도는 남자에서 1.33, 여자에서 1.55였다. 이 말은 비만한 남자에게서 암이 33%, 여자에게서 55% 더 많이 발생했다는 것이다. 한국인을 대상으로 한 연구에서도 이와 비슷한 경과를 보여주고 있다. 운동은 에너지소비뿐 만이 아니라 여러 생체활성물질의 기능을 개선시켜 고혈압, 당뇨병, 고지혈증 및 암 발생을 예방한다. 또 각종 암 발생을 예방한다. 특히 유방암과 대장암에서 그렇다. 사망률도 감소시키는데 신체활동량이 늘어나면 사망위험이 약 20~35% 줄어든다.

식습관 개선 · 학교운동 확대를

한국청소년 비만의 주된 원인은 식습관이 서구화 되면서 지방질의 섭취함량이 늘어났고, 과도한 학습 부담으로 인한 스트레스와 운동량 저하, 불규칙한 식사 등이다. 청소년기의 비만은 초등학교 이후에 급격히 증가하며, 이들은 자기조절력이 부족하기 때문에 부모의 지대한 관심이 요구되며 건강한 생활습관을 위한 교육과 홍보, 환경조성 등 학교와 학부모의 많은 관심이 요구되고 있다. 어릴 적부터 잘못된 조그만한 식사습관, 생활습관 하나가 커서는 먹고 싶은 것, 하고 싶은 것은 반드시 해야 직성이 풀리는 성격으로 발전하게 되고, 이것이 결국 돌이킬 수 없을 정도로 엄청난 건강상의 문제를 초래할 수 있다.

역으로 매일 몇 분간의 체조, 명상, 규칙적인 운동, 특히 어릴 때부터 몸에 배여 습관이 된 규범 있고 절제된 생활이 우리청소년의 인생과 건강에 미치는 긍정적 영향은 막대하다. 건강을 물려주는 것, 부모세대가 해야 될 가장 중요한 일이다. 지난 6일 대통령 산하 보건의료미래위원회는 청소년 비만예방을 위해 각 급 학교에 고열량 정크푸드인 음료수 자판기 설치를 금지하는 방안을 검토했다. 조만간 실시될 예정이다. 이와 함께 이번 울산시 교육청의 청소년 건강증진과 비만예방을 위한 방침을 다시 한 번 환영하며, 이참에 전 학교에서 국민체조를 실시하고 체육시간을 늘일 것을 제안한다. 국민건강이 곧 국력이다.

경상일보 | 2011.07.25.

›› 100세시대 건강관리

한국사회 고령화가 급격히 진행되고 있습니다. 질병은 연령과 함께 늘어납니다. 2012년 현재 우리나라의 노인인구는 12% 이지만 이들 노인인구가 쓰는 의료비는 전체의료비의 1/3에 해당합니다. 최근 한국보건사회연구원은 '우리나라 노인인구는 2018년부터 14%를 넘어서게 되고 이때부터는 노인인구가 절반이상의 의료비를 사용하게 되는데, 이렇게 되면 늘어나는 건강보험재정의 문제로 세대 간의 갈등이 일어난다'고 합니다. 즉 자식세대가 부모세대의 질병을 돌보지 않겠다는 말입니다. 심각한 문제가 아닐 수 없습니다. 현재 한국인의 평균 수명은 80세를 넘어섰고, 기대 수명 즉, 지금까지 건강하게 살아 왔다면 남자는 95.5세, 여자는 100세까지 살게 되었다고 합니다. 이렇듯 우리의 수명은 100세 시대를 맞이하고 있는데 우리들은 아직까지 평균수명 50세 시대의 가치관을 가지고 살아가고 있지는 않은지 냉정히 돌아봐야 할 시점이라고 생각합니다. 더군다나 한국인의 마지막 10년 중 여자는 5.9년, 남자는

100세 시대,
무엇이 우리를
위협하는가?
울산의대교수, 의학박사

5.4년을 앓다가 삶을 마감한다고 합니다. 세월감에 늙는 것이야 어찌할 수 없는 숙명이라 할지라도 질병발생은 우리의 노력으로 최대한 예방 할 수 있습니다. 그렇다면 100세 시대 생활 속의 건강관리는 어떻게 하는 것이 최선일까요? 1979년 미국의 보건성 장관이었던 줄리어드 리치먼드박사는 장관보고서에서 '현재 미국인 사망원인의 절반이상은 잘못된 행동과 습관이다'라고 하였습니다. 이는 정확한 지적 이었습니다. 현재 미국인의 사망원인은 심장병과 뇌졸중 같은 심·뇌혈관이 35%로 1위, 전체 암으로 인한 사망은 23%로 2위입니다. 우리나라는 암으로 인한 사망이 27%, 심·뇌혈관 질환은 23%입니다. 암과 심혈관 질환은 대표적인 생활습관 병입니다.

건강은 우리의 인생에 있어서 가장 귀중한 부분입니다. 건강을 지키는 일은 인생의 어떤 일보다도 중요하다고 할 수 있습니다. 병이란 증상이 나타난 후에는 치료가 그리 간단치가 않습니다. 특히 현대사회에서 문제가 되고 있는 암과 만성질환들은 일단 발생하면 완치되기가 어려워 예방과 조기 발견의 중요성이 더욱 강조됩니다. 예방 또한 그리 간단치가 않습니다. 왜냐하면 이들 질환들은 한 가지 원인에서 기인하는 것이 아니라 오랜 시간 여러 요인들이 복합적으로 작용하여 그 종합적인 결과로 생기기 때문입니다. 그렇다면 어떻게 하는 것이 가장 효과적인 건강관리법일까요?

첫째로 건강한 생활 습관을 가져야 합니다. 금연, 절주, 규칙적인 운동 등이 여기에 포함됩니다. 질병의 발생 자체를 예방하는 1차 예방의 중요성은 아무리 강조해도 부족한 실정입니다. 특히 만성성인병, 각종 암 등을 예방하고 건강을 유지하기 위해서는 좋은 건강 습관을 갖겠다는 의지와 노력이 중요합니다. 조그마한 생활 습관의 변화가 여러분의 인생을 바꿉니다. 성공적인 삶을 위해서는 금연, 절주, 규칙적인 운동 등을 비롯한 건강한 생활 습관을 가져야 합니다. 두 번째로 중요한 것이 바로 정기적인 건강검진입니다. 건강검진은 증상이 없는 시기에 질병을 조기 발견하여 조기에 치료하는 것을 목적으로 합니다. 특히 40세 이상의 성인의 경우에는 1~2년에 한 번씩은 암에 대한 검사를 받아야 하며 50세부터는 대장암에 대한 검사를 추가해야 합니다. 폐암은 최근 우리나라에서 급증하고 있는 암이기는 하지만 아직은 조기 발견의 효과가 별로 없어서 1차 예방, 즉 담배를 끊는 길밖에 방법이 없습니다. 마지막으로 스트레스를 잘 조절해야합니다. 왜? 무엇 때문에? 스트레스를 받을까요. 대부분은 특별한 이유도 없습니다. 특별한 이유도 없이 쫓기듯이 허둥거립니다. 그러니까 긴장이 연속되고 심지어는 불안하기조차 합니다. 불안과 긴장은 심혈관질환 발생의 첫 번째 위험요소입니다. 생각, 감정, 행동 등이 특정질병을 일으키는 원인임은 40년에 걸친 프래밍험 연구 결과가 이를 잘 말해주고 있습니다. 매일 매일 천천히 뒤돌아보며 심호흡을 해야 합니다. 17세기의 명상가 카리바 에켄은 '영혼이 평안 하려면 호흡부터 조절하라'고 했습니다. 저는 내시경 검사를 할 때마다 환자에게 호흡에 집중하라고 지시합니다. 많은 환자들이 편안히 검사를 마칠 수 있어 좋았다고 합니다. 현대의 성의라 칭송받는 하버드 의대 심신의학 연구소 허버트 밴슨 박사와 미국스탠포드 대학의 온스타인 박사는 '현대인의 질병을 치료하고 예방하는 약물은 인위적으로 개발 할 수 있는 물질적인 것이 아니라 이미 우리 자신이 가지고 있는 마음을 활용하는 것이다'라고 했습니다. 동양의서에도 마음이 어지러우면 육체에 병이 생기고 마음이 평온하면 질병이 치료된다고 했습니다. 천천히 심호흡을 자주해야 되는 이유입니다. 이제 우리는 100

세 시대를 맞이했습니다. 건강이 삶의 첫 번째 가치임은 이제 분명해졌습니다. 잘못된 습관은 과감히 고쳐야하고 심호흡을 자주해야 되겠습니다.

›› 울산지역암센터 국가지정의 당위성

며칠 전(2007.4) 통계청이 발표한 자료에 의하면 울산시민의 기대수명은 77.73세다. 암으로 인한 사망률을 제외하면 울산시민의 기대여명은 앞으로 3년 이상 증가하여 약 20년 정도 되는 것으로 조사되었다. 기대여명이란 연령 65세의 사람이 앞으로 생존할 것으로 기대되는 평균생존연수를 말하므로 현재 65세인 울산시민의 평균수명은 85세 이상이 되는 것이다. 울산지역 여성의 경우 기대여명은 전국에서 최고로 증가한 것으로 나타났다.

모든 시·도에서 사망원인의 1위는 역시 암이었는데, 울산시민의 경우 암으로 인한 사망자 수는(인구10만 명 당 148.5명) 경남(149.6)에 이어 전국 2위다. 그 중 폐암은 16개 시· 도 중에서 전국 1위이며, 위암은 여자의 경우는 2위다. 새삼스럽지만 전 국민은 물론이고 울산시민의 기대여명을 증가시키기 위해서는 암의 예방과 조기진단 그리고 치료가 무엇보다 중요함은 두말 할 나위가 없다.

암 질환이 사회적 문제로 대두됨에 따라 암의 예방, 진료 및 연구

사업 등 암 관련 정책을 국가에서 수립할 수 있는 근거법인 암 관리법이 2002년 10월 국무회의를 통과하여 제정되었다. 이 법안에 따르면(제12조) '국가와 지방자치단체는 암의 예방 · 진료 및 연구 등에 관한 사업을 실시하고 이를 지원함으로써 암을 예방하고 암 환자에 대한 적절한 의료가 제공될 수 있도록 적극 노력하여야 한다'라고 명시되어 있으며, 이의 효율성을 높이고 암 환자의 수도권 집중을 막기 위해 지역 종합 병원 중 암 환자의 진료 등을 위하여 필요한 시설, 인력 및 장비를 갖추었거나 갖출 능력이 있다고 인정하는 병원에 한해서는 '지역암센터'로 지정하여 재정적 지원을 할 수 있도록 되어있다. 정부는 그 동안 이 법에 근거하여 제주, 강원, 경상, 전라, 충청남북도 및 부산 · 대구광역시 소재 국 · 공립 종합병원 9개소에 각각 수 십 억 원씩 재정적 지원을 해오고 있다. 암으로 인한 개인적 고통과 피해 및 사회적인 부담을 줄이고 국민건강증진에 이바지함은 국가의 의무이기 때문이다.

그 동안 국 · 공립병원만을 국가가 '지역 암 센터'로 지정하여 재정적 지원을 해오던 것을 올해부터(2007년 4월)는 사립종합 병원도 국가가 암 센터로 지정하여 재정적 지원을 할 수 있게끔 암 관리법시행령이 개정될 전망이다. 그 동안 '지역암센터'국가지정 사업에서 제외되어온 울산으로서는 정말 반가운 소식이다. 암 환자들 중 수도권 진료 비중을 지방자치단체별로 살펴볼 경우 우리 울산은 전국에서 대구 다음으로 가장 낮은 수준이다. 울산시민의 수도권으로의 진료비중이 낮다는 것은 제주, 강원, 경상, 전라, 충청도 등 다른 지역에 비해 상대적으로 우리 울산 지역의 의료 인프라 수준이 높기 때문이라고 추정 할 수 있다. 그러나 최근 3년간 전국적으로 암 환자들의 수도권 진료가 증가되고 있다고 한다.

국민건강보험공단의 자료에 의하면 2005년 한 해 동안 울산시민의 수도권 진료비는 교통비, 체재비를 제외하고도 무려 217억에 달했다. 수도권으로의 진료증가는 이들 환자는 물론이고 환자가족들의 시간적, 재정적 문제와 정신적, 육체적 부담과 고통의 증가를 의미한다. 그러므로 울산환자들의 타 지역 유출을 막기 위해서는 상대적으로 다른 지역에 비해 높은 것으로 추정되는 울산의 의료 인프라 수준을 더욱 높여야 한다. 이를 위해서 울산시는 물론 울산의 의료기관들도 많은 노력을 하여야 할 것으로 믿는다.

공업학원 울산대학교재단은 1000억 원을 투입하여 올해부터 2010년까지 500병상의 울산대학교병원을 신축하기로 결정하였다고 한다. 이제 남은 과제 중 우선 하나는 울산지역 종합병원의 '지역암센터' 국가지정이라고 생각한다. 산업수도 울산이 세계 속으로의 비상은 산업은 물론이고 세계적 수준의 교육, 환경, 의료 등 도시 인프라의 구축을 통한 정주(定住)조건의 개선 없이는 불가능하다. 뿐만 아니라 울산지역 암 센터의 국가지정은 울산시민의 기대여명을 분명히 증가시킬 것이다.

울산시는 울산지역 암 센터 국가지정의 당위성을 설명할 자료를 준비하고 해당 병원은 이들의 활동을 지원하는데 소홀함이 없어야 한다. 국립대 유치를 위해 두 팔을 걷고 나섰던 울산 정치권과 울산시민의 단결된 모습을 다시 한 번 보고 싶다.

경상일보 | 2007.04.20.

›› 울산암센터 국가지정을 위한 청원서

1. 국기지원 지역암센터 지정의 입법취지

암 질환이 사회적 문제로 대두됨에 따라 암의 예방, 진료 및 연구 사업 등 암 관련 정책을 국가에서 수립할 수 있는 근거법인 암 관리법이 2002년 10월 국무회의를 통과하여 제정되었다. 이 법안에 따르면(제12조) '국가와 지방자치단체는 암의 예방·진료 및 연구 등에 관한 사업을 실시하고 이를 지원함으로써 암을 예방하고 암 환자에 대한 적절한 의료가 제공될 수 있도록 적극 노력하여야 한다' 라고 명시되어 있으며, 이의 효율성을 높이고 암 환자의 수도권 집중을 막기 위해 지역 국립종합병원 중 암 환자의 진료 등을 위하여 필요한 시설, 인력 및 장비를 갖추었거나 갖출 능력이 있다고 인정하는 병원에 한해서는 서울을 제외한 광역시·도당 1개 지역에 한해 '지역 암센터'로 지정하여 재정적 지원을 할 수 있도록 되어있다. 이 법안에 따라서 울산을 제외한 전국 광역시·도가 이미 암센터 국가지정을 받은 상태다. 2010년 1월 시행령 일부가 개정되면서 국립병원 뿐만이 아니라 인력과 시설, 장비를 갖춘 민간 종합 병원도 암 센터로 지정을 받을 수 있게 되었는데 울산에서는 유일하게 울산대학교병원이 자격요건을 충족시켜 울산시가 국가 지정을 신청해놓은 상태다. 현재까지 울산을 포함하여 경기 2곳, 인천 2곳, 총 5곳이 신청을 하였는데 국가는 이중 한 곳을 선택하여 올해 1월 31일 발표할 예정이다. '지역 암센터 국가지정'의 근본취지는 지역 의료 인프라를 강화하여 암환자의 수도권 집중을 막자는데 있다. 최근 3년간 전국적으로 암 환자들의 수도권 진료가 증가되고 있는 시점이어서 울산지역 암센터 국가지정은 울산의 입장에서는 절실한 문제가 아닐 수 없다.

2. 환자수도권 집중의 사회경제학적 측면

울산지역 암 등록 센터에 따르면 지난 5년간(2002-2006) 울산지역 암 등록환자 1만 2372명 중 5524(44.6%)명이 서울과 수도권 등 외지로 원정치료를 받았다. 울산지역 환자의 외지 원정 진료로 인한 환자이탈속도는 전국에서 제일 빠른 것으로 파악되었다. 의료보험관리공단에 따르면 2008년도 울산시민의 수도권 이용 순수 진료비는 정확히 513억 원이었다. 한 연구기관의 보고에 따르면 환자가 연고지가 아닌 외지에서 진료를 받을 경우, 교통비, 보호자 숙박비, 등등의 간접비용을 합친 총 진료비는 실제 진료비의 4배 이상이다. 똑 같은 질환으로 수도권에서 진료를 받을 경우 울산의 4배가 든다는 예기다. 수도권으로의 진료증가는 이들 환자는 물론이고 환자가족들의 돈과, 시간과 육체적 부담은 물론이고 정신적 고통의 증가를 의미한다.

3. 초고령시대 – 암환자 증가

지난 5월 세계보건기구(WHO)가 발표한 '세계보건통계 2010'에 따르면, 2008년 출생아를 기준으로 한 한국인의 기대수명은 평균 80세(남 76·여 83)다. 최근 통계청이 발표한 자료에 의하면 울산시민의 기대수명은 85세 이상이며, 울산지역 여성의 경우 기대수명은 전국에서 최고로 증가한 것으로 나타났다. 암은 주로 세포의 노화 과정에서 돌연변이가 생겨 발생하기 때문에 나이가 들수록 암 발생 확률은 높아진다. 인간이 80세까지 산다고 가정했을 때 평생 암에 걸릴 확률은 34%로 조사되었다. 세 명 중 한명은 암에 걸린다는 얘기다. 울산시민의 경우 암으로 인한 사망자 수는(인구 10만 명당 148.5명) 경남(149.6)에 이어 전국 2위다. 그 중 폐암은 16개 시 · 도중에서 전국 1위다. 새삼스럽지만 전 국민은 물론이고 울산시민의 기대여명을 증가시키기 위해서는 암의 예방과 조기진단 그리고 치료가 무엇보다 중요함은 두말 할 나위가 없다. 공업학원 울산대학교재단은 이를 위해 1600억 원의 건립비를 투입해 1만 4686㎡, 500병상 규모의 암센터를 비롯한 울산대학교병원 신축 동을 2012년 12월 준공목표로 건립 중에 있다. 앞으로 신축 동 준공과 함께 로봇수술시스템, 방사선치료기 등 150여종의 장비를 갖추고 암 등록 · 관리 · 진료 · 교육 · 연구 사업을 수행할 예정이다.

4. 공공의료의 사각지대 울산

'지역암센터 국가지정'의 입법취지는 암 환자의 수도권 집중을 막고 지역 의료인프라의 구축을 위한 국가지원이다. 경기, 인천 등 수도권에는 국립암센터를 비롯하여 여러 개의 국 · 공립병원이 운영 중에 있다. 그럼에도 불구하고 인천, 경기 등 수도권 병원을 지역 암센터로 지정한다는 것은 암 관리 시행령의 입법취지에 어긋난다. 그러므로 110만 울산시민은 이번 지역암센터 국가지정에 반드시 울산이 포함되리라 믿는다.

›› 지역암센터 국가지정의 입법취지

2002년 10월 제정된 암 관리법 제12소는 '국가와 지방자치단체는 암의 예방·진료 및 연구 등에 관한 사업을 실시하고 이를 지원함으로써 암을 예방하고 암 환자에 대한 적절한 의료가 제공될 수 있도록 적극 노력하여야 한다'라고 명시되어 있다. 이의 효율성을 높이기 위해 국가는 암 환자의 진료·예방 등을 위하여 필요한 시설, 인력 및 장비를 갖추었거나 갖출 능력이 있다고 인정되는 국·공립병원에 한해서 '지역 암센터'로 지정하여 재정적 지원을 할 수 있다.

2010년 1월 '암 관리법'시행령 일부가 개정되면서 국·공립병원뿐만이 아니라 민간종합 병원도 암 센터로 지정을 받을 수 있게 되었다. 울산에서는 유일하게 울산대학교병원이 자격요건을 충족, 울산시가 지역 암센터 국가지정을 신청해놓은 상태다. 현재까지 울산과 수도권 4곳, 총 5곳이 신청을 하였는데 정부는 이중 한곳을 선택하여 올해 1월31일 발표할 예정이다. 재정적 지원규모는 연간

1억 원도 안 된다. 하지만 수도권 4곳과 우리 울산이 치열하게 경쟁하는 이유는 국가지정을 받는 순간 환자와 병원간의 새로운 신뢰관계(rapport)가 형성되기 때문이다. 환자진료에 있어 의사와 환자, 환자와 병원 간의 신뢰관계는 무엇보다 중요하다.

지역 의료인프라 강화로 환자 수도권 집중 막아야

울산지역 암 등록 센터에 따르면 지난 5년간 울산지역 암 등록환자 1만 2372명 중 5524(44.6%)명이 서울과 수도권 등 외지에서 원정치료를 받았다. 울산지역 환자의 외지 원정 진료로 인한 환자이탈속도는 전국에서 제일 빠른 것으로 파악되었다. 의료보험관리공단에 따르면 2008년도 울산시민의 수도권 이용 순수 진료비는 정확히 513억 원이었다.

지난해 인제대 보건행정학과 강성홍 교수팀의 조사에 의하면 부산의 경우 환자가 수도권 진료를 받을 경우 교통비, 보호자 숙박비 등의 간접비용을 합친 총 진료비는 실제 진료비의 4배 이상이다. 같은 질환으로 수도권에서 진료를 받을 경우 4배 이상의 돈이 필요하다는 얘기다.

울산도 큰 차이가 없을 것으로 판단된다. 수도권으로의 진료증가는 경제적 부담의 증가뿐만이 아니라 환자와 환자가족들의 육체적, 정신적 고통의 증가를 의미한다. 인간수명의 증가와 함께 암환자는 점점 늘고 있다.

지난 5월 세계보건기구(WHO)가 발표한 '세계보건통계 2010'에 따르면 2008년 출생아를 기준으로 한국인의 기대수명은 평균 80세(남 76세, 여 83세)다. 울산시민의 기대수명은 85세 이상이다. 암은 주로 세포의 노화 과정에서 돌연변이가 생겨 발생하기 때문에 나이가 들수록 암 발생 확률은 높아진다. 인간이 80세까지 산다고 가정했을 때 평생 암에 걸릴 확률은 34%다. 세 명 중 한명은 암에 걸린다는 얘기다. 울산시민의 경우 암으로 인한 사망자 수는 경남에 이어 전국 2위다. 그 중 폐암은 16개 시 · 도중에서 전국 1위다.

새삼스럽지만 전 국민은 물론이고 울산시민의 기대여명을 증가시키기 위해서는 암의 예방과 조기진단 그리고 치료가 무엇보다 중요함은 두말 할 나위가 없다. 공업학원 울산대학교재단은 이를 위해 1600억 원의 건립비를 투입해 암센터를 비롯한 1만 4686㎡, 500병상 규모의 울산대학교병원 신축 동을 2012년 12월 준공목표로 건립 중에 있다. 앞으로 신축 동 준공과 함께 로봇수술시스템, 방사선치료기 등 50여종의 장비를 갖추고 암 등록 · 관리 · 진료 · 교육 · 연구 사업을 수행할 예정이다.

'지역 암센터 국가지정'의 근본적인 입법취지는 지역 의료 인프라를 강화하여 환자와 지역 암센터간의 신뢰관계를 형성하고 그 결과 암 환자의 수도권 집중을 막자는데 있다. 경기, 인천 등 수도권에는 이미 국립암센터를 비롯한 여러 개의 국·공립병원이 운영중에 있다. 그럼에도 불구하고 인천, 경기 등 수도권 병원을 지역암센터로 지정한다는 것은 이 법안의 근본취지에 어긋난다. 올해 1월31일 지역암센터 국가지정을 앞두고 정부가 현명한 판단을 하리라 믿는다.

경상일보 | 2011.01.26.

›› 로봇수술과 의료상품

로봇수술은 2005년 처음 우리나라에 도입됐다. 이후 점차 발전해 미국·일본 등 선진국 의사들이 로봇 수술을 배우러 한국을 찾을 정도로 인정을 받고 있다. 현재 우리나라에서는 24개 병원에서 33대의 로봇수술기기를 운영 중이다. 의술을 위시한 의료발전은 물리학, 수학, 화학과 같은 기초학문은 물론이고 전자, 전기, 기계공학, 기타 학문의 발전 없이는 불가능하다. 로봇수술은 이들이 이루어낸 쾌거임과 동시에 새로운 고부가 의료상품의 등장을 의미한다.

로봇수술 돈벌이 수단 돼서야

눈부신 의료발전의 결과인 고부가 의료상품의 등장은 열악한 의료수가에 따른 경영상의 어려움을 타개하기 위한 의료계의 자구책이란 또 다른 의미를 갖고 있다. 국내 첫 로봇수술을 도입한 연세대학교 의과대학 양승철 교수는 "병원들이 마치 기존수술은 구식이고 로봇수술은 첨단인양 선전하여 환자를 호도하고 있다"라고 주장한바 있다. 그는 또 환자들에게 정확한 정보를 주어 올바르게 판단하도록 도와줘야 할 병원들이 '로봇장사'를 한다고 했다.(조선일보 2010.12.29. A8면) 로봇수술이라는 새로운 의료상품이 수술의 결과에는 차이가 없는데도 건강보험이 적용되지 않아 수가가 비싸다는 이유다.

시장에서 수요와 공급의 법칙은 '수요자가 공급의 내용에 대해 잘 알고 있어야 한다'는 전제가 성립됨으로써 가능하다. '환자에게 로봇·내시경·절개 수술의 장단점을 충분히 설명하며 최종 선택은 환자가 한다'라고 하지만 공급되는 의료의 내용(상품)은 경우에 따라서 그 내용을 이해하는데 상당한 전문지식을 필요로 한다. 충분히 설명한다고 해도 일반인이 소화하기에는 한계가 있을 수 있다. 그러므로 일반인의 의료구매행위는 충분한 지식과 자발적 선택에 근거한 자유로운 행위로 보기 어렵다. 충분한 설명과 환자의 합의만으로 계약의 공정성이 보장되지 못하는 이유다. 의료를 상품화하여 선전함으로써 환자를 호도하고 있다는 양 교수의 비판에 동의하는 부분이다. 뿐만 아니라 의료행위가 상품화되어 시장의 논리로 흘러가면 여타의 가치들은 무시되기 쉽다. 그렇지만 기존 수술법으로는 아예 하지도 못했던 수술을 로봇이 대신하는 경우가 많으므로 양 교수의 주장에 전적으로 동의하지는 않는다.

의료 상업화 병원 이미지 해쳐

로봇수술뿐만이 아니라 서울의 몇몇 대형병원에서는 수 백 만원을 호가하는 건강검진관련 의료상품이 등장한지 이미 오래다. 정기적 건강검진은 건강관리에 있어 필수적이다. 아플 때만 병원을 찾는 건강관리법은 매우 비경제적인 방법에 속한다. 대부분의 질병은 어느 정도 진행돼야만 그 증상을 나타낸다. 그러므로 증상이 나타난 후에 병원을 찾아가면 회복하는데 시간과 돈이 많이 들어 고생이 심하거나 회복이 불가능 할 수도 있다. 특히 현대사회에서 문제시 되고 있는 각종 암 및 만성퇴행성 질환(성인병)들은 일단 발생하면 완치가 어려워 예방과 조기발견의 중요성이 더욱 강조된다. 병의 조기발견을 위한 건강검진은 로봇수술처럼 의료보험이 적용되지 않기 때문에 의료계의 고부가 상품인 셈이다.

한국의 건강보험료는 5.64%로 일본 8%, 유럽 12~15%에 비해 턱없이 낮다. 보험재정이 열악할 수밖에 없고 보험수가도 낮다. 현재 우리나라의 의료수가는 의료공급자가 생각하는 일반적인 수가의 55~75%의 수준이다. 물건의 가치에 비해 값이 싸다는 것이다. 물건 값이 싸니 고객이 늘어난다. 이익은 적고 수요가 늘면 많이 팔면 된다. 시장에서는 박리다매의 원리가 적용되지만 병원은 그렇지가 못하다. 의사 한사람이 볼 수 있는 환자는 한정적이다. 병원 문턱이 낮아지고 환자가 늘어난다고 해서 병원은 무작정 시설을 확충하고 장비와 인력을 늘일 수 없다. 수가구조가 열악하기 때문이다. 환자를 많이 볼수록 적자인 경우도 있다. 대표적인 경우 중환자실이 그렇다.

그렇다고 중환자실을 운영하지 않을 수 없다. 의료의 고유한 사명이 있기 때문이다. 가만히 앉아서 망할 수도 없다. 고부가가치를 창출해야 하는 이유며, 필수의료 이상의 영역에서 의료의 일부가 상업화돼 가고 있는 이유다. 광고가 수반되기 마련이다. 그렇지만 지나치게 상업성을 앞세우면 좋은 병원의 이미지가 퇴색한다. 병원이 광고에 지나치게 의존하면 병원의 인지도를 높이는 데는 일시적으로 도움이 될지는 모르지만 병원이 갖는 권위와 사명의식을 해친다. 더 나아가서 시장(market)의 힘과 상업적 압력에 현명하게 대처했다고 볼 수도 없다. 상업주의는 수많은 이익을 제공할 수 있지만 명예와 자존심의 상실이라는 대가를 요구하기 때문이다. 한국의 의료계가 반드시 명심해야 될 부분이다.

경상일보 | 2011.03.01.

›› 울산지역암센터 국가지정을 반기며

울산대학교병원이 인천의 가천의대 길병원에 이어 민간병원으로는 2번째로 지역암센터로 국가지정을 받았다. 울산대학교병원(병원장 조홍래)과 울산시가 정부의 '지역암센터' 유치전에 뛰어든지 3년여 만에 이룬 쾌거다. 울산의 암 환자는 물론이고 울산의료계의 숙원사업 중 하나가 해결된 셈이다. 울산시민사회의 일원으로서 기쁘고 반갑다. 더군다나 최근 3년간 전국적으로 암 환자들의 수도권 진료가 증가되고 있는 시점이어서 울산으로서는 더더욱 반가운 소식이 아닐 수 없다.

지역암센터는 암의 발생과 예방, 진단, 진료 등을 통합해 관리할 수 있도록 각 지역 대학병원에 예산을 지원해 마련하는 거점 암센터다. 질병으로부터 국민의 생명보호는 국가의 주요의무다. 따라서 암 질환이 사회적 문제로 대두됨에 따라 암의 예방, 진료 및 연구사업 등 암 관련 정책을 국가에서 수립, 지원할 수 있는 근거법이 2002년 마련되었다. 그동안 정부는 이 법안에 근거하여 국·공립병원에 한해서만 경제적 지원을 해왔는데, 2010년 4월에 암 관리법 시행령이 개정되면서 민간병원도 지원이 가능해졌다. 이는 제17대 이명박 대통령 후보자의 보건의료분야 대선 공약에 따른 것이었다. 이 개정된 법안에 의해 민간의료기관인 울산대학교병원이 지역 암센터로 국가지정을 받은 것이다.

국가 예산 늘려 의료 환경 개선을

그동안 우리 울산은 우리나라의 산업수도로서 국가발전에 큰 공헌을 해왔지만, 이에 합당한 대우와 혜택은 제대로 받지 못했다고 생각한다. 특히 예산지원에 있어 상대적으로 차별을 받아왔다는 것이 울산지역 정 · 관계의 정설이다. 실제로 예를 들면 우리보다 먼저 지역암센터 국가지정을 받은 가천의대 길병원이 소속돼 있는 인천시는 울산의 4분의 1수준에 불과한 3조8000억 원의 세금을 납부했지만 지원받은 국비는 울산보다 5배나 많은 1조원에 달했다. 그리고 인천에는 정부가 수천, 수백 억 원씩 투자한 국공립병원도 즐비하다. 질병으로부터 국민의 생명보호는 국가의 주요 의무임에도 울산에는 변변한 국공립병원 하나 없다. 울산의 민간병원들이 그 기능을 대신하고 있는 것이다. 이들 민간병원에 대한 국가의 정책적 지원도 거의 전무한 실정이다. 이번에 지정을 받은 울산지역 암센터도 사실은 건립비와 시설에 대한 국가지원은 없다. 지원되는 예산규모는 암센터가 환자를 위해 제공해야 될 각종 진료서비스를 생각하면 턱없이 부족하다. 그럼에도 지역암센터 국가지정을 받아야만 되는 의료계의 애달픈 현실을 생각하면 한편으론 서글프다.

보건의료와 관련하여 국가가 추구하는 정책적 목표와 병원이 추구하는 목표가 일치하지 못하면 정책은 실패한다(goverment failure). 울산대학교병원은 현재 1800억 원의 예산을 들여 암센터를 건립중에 있으며, 내년 12월에 완공예정이다. 울산대학교병원의 암센터건립의 정책적 목표는 첫째, 환자의 수도권 쏠림 현상을 막아 환자의 부담을 줄이고, 지방의 병 · 의원을 살리자는 것이다. 울산지역 암 등록 센터에 따르면 지난 5년간 울산지역 암 등록환자 1만 2372명 중 5524(44.6%)명이 서울과 수도권 등 외지에서 원정치료를 받았다. 울산지역 환자의 외지 원정 진료로 인한 환자이탈속도는 전국에서 제일 빠른 것으로 파악되었다. 수도권으로의 진료증가는 이들 환자는 물론이고 환자가족들의 시간적, 재정적 문제와 정신·육체적 부담과 고통의 증가를 의미한다. 둘째로 암 환자 조기발견과 등록관리, 연구사업 등 울산시민의 보다 효율적인 암 관리는 물론 국가의 우수한 의료인력 확보가 가능하여 의료인력의 지역균형을 기하는 데 일조하며, 마지막으로 호스피스 병동을 설치 운영함으로써 의료의 공공성을 증진시키는 것이다.

국가의 지역암센터 관련 정책도 이와 크게 다르지 않을 것이다. 국가지정을 받은 지역암센터들이 이러한 국가적 정책을 원만히 수행할 수 있도록 국가는 예산지원을 대폭적으로 늘려야한다. 이 예산이야 말로 서민에게 희망을 주는 예산이기 때문이다. 그래야만 열악한 의료수가 하에서 암 환자관련 의료서비스의 획기적인 개선을 가져올 수 있고, 지역암센터 관련 국가정책도 성공할 수 있다. 생색내기 예산으로 의료를 통제하고 간섭하려해서는 이 정책은 성공할 수 없다. 울산은 지금 미래성장 중심도시로 새로운 도약을 준비하는 중요한 시기를 맞이하고 있다. 혁신도시, 동북아 오일,

금융허브, 신 성장 동력산업 거점도시 등 커다란 꿈을 키우고 있다. 울산지역 암센터 국가지정을 반기며 울산이 키워가는 커다란 꿈속에 '동남권 의료의 거점도시 울산'도 포함되었으면 하는 바람 간절하다.

경상일보 | 2011.07.01.

›› 상급종합병원- 恨없는 울산의료 인프라

억새가 춤을 춘다. 춤을 추는 것이 어니 익새뿐이랴. 씨앗을 품은 모든 것들이 출렁 출렁 춤을 춘다. 벙긋이 벌초를 끝낸 묏등들이 가을 들판을 보고 웃는다. 산자도 죽은 자도 풍성한 가을 벌판을 보고 위안을 얻음은 아마도 기근의 시대에 만들어진 우리 몸속 DNA 탓이리라. 훈(薰)처럼 양광이 내리는 가을벌판에는 이렇듯 축제가 한창인데 광장은 사투만 난무 할뿐 달라진 것이 없다. 단풍이 들기 시작한 은행나무 한 그루 지나온 시간을 냉정히 돌아보고 있다.

올 추석에는 놀이공원이나 관광지 대신 조상묘를 찾은 참배객이 작년에 비해 최고 40%까지 늘었다고 한다. 사람들은 빈자리가 그리워지거나 힘이 들면 먼저 간 이의 묘소를 찾는다. 묘소 앞에서 우리는 소박하고 경건한 소망을 기원하기도 하지만 절망적인 상황에 부딪히면 탄식처럼 먼저 간 이의 이름을 부르기도 한다. 최단기간 최대 관객동원을 기록한 영화 '명량'에서 성웅 이순신도 두 번

울산 ubc특별기획
의료인프라
향상대토론회

씩이나 어머니의 영정을 찾는다. 얼마나 힘들었으면 그 나이에도 어머니를 찾을까. 살다가 힘이 들면 찾는 묘소, 이것이 바로 샤머니즘적 우리 민족 고유의 정서다. 그리운 이의 묘소 앞에서 우리는 가끔 흑흑 목을 놓고 흐느끼기도 한다. 제대로 입어보지 못한, 제대로 먹어보지 못한, 아파도 병원 한번 가보지 못한 그리운 이들에 대한 한(恨)이 가슴 속 심금(心琴)의 현(鉉)을 건들기 때문이다. 그때는 어지간한 부자 아니고는 병원, 특히 타 지역 큰 병원 진료는 엄두도 못 내던 시절이었다.

타 지역 큰 병원, 즉 상급종합병원은 현재 전국에 42곳이나 된다. 그러나 울산에는 아직도 상급종합병원이 없다. 상급종합병원의 부재는 의료전달체계의 미확립을 말하고 그동안 울산의 모든 병원은 상생과 협력의 관계가 아니라 경쟁의 관계였음을 의미한다. 울산시의사회는 올해 6월 회원들로부터 서명을 받은 울산지역 상급종합병원 지정을 촉구하는 청원서를 복지부에 곧 전달할 예정이라 한다. 그동안 울산대학교병원은 상급종합병원의 자격요건을 갖추고 있었으나 지정신청을 미루고 있었다. 이는 진료비 상승은 물론 병원 문턱이 높아지는 이유도 있었지만 3년마다 실시되는 평가기준에 맞추기 위해 엄청난 투자와 노력을 해야 되는 부담도 있었기 때문이다. 하지만 전국 최고가 되기 위한 경쟁은 미룰 수도 피할 수도 없다. 지금 전국에서는 울산대학교병원을 포함한 52개의 전통 있는 명문 대학병원들이 상급종합병원이 되기 위해 치열하게 경쟁중이다. 경남 창원시의 경우 창원삼성병원을 상급종합병원으로 승격시키기 위해 안상수 시장이 적극 나섰다는 기사를 지난 8월 12일자 경남매일신문이 보도했다.

상급병원이 지역에 있게 되면 첫째, 진료비 유출이 줄어든다. 국가기관의 연구결과가 그렇다. 일례로 국가지정 울산지역 암센터가 신축된 후 작년 한 해 울산지역 진료비 유입은 크게 증가한 반면 유출은 30% 이상 줄었다. 금액으로는 1000억에 가까운 액수다.

둘째, 환자 부담금이 전체적으로 줄어든다. 의료전달체계의 확립으로 경쟁보다는 상호협력과 상생을 유도하여 의료남용을 줄이고 중복진료를 막기 때문이다. 국가가 의료전달체계를 확립하고자 하는 근본적인 이유다.

셋째, 지역에 1, 2차 병원을 유인해 고용을 창출한다. 넷째, 다양한 국가적 공공사업을 대행한다. 결국 지역에 공공 의료기관이 유치되는 결과를 낳는다. 마지막으로는 울산지역 정주조건을 상승시킨다. 지역의 정주조건은 경제여건, 취업여건, 교육과 문화 인프라 등등을 갖춰야 하지만 가장 핵심적인 것은 의료인프라이기 때문이다. 환자가 타 지역에서 진료를 받는 경우, 동일상병이더라도 체재비, 교통비 등의 문제로 전체진료비가 4~5배 더 든다는 것이 전문가들의 지적이다. 이 같은 진료외적 요인으로 상급병원 진료를 받지 못한다면 이는 분명 큰 한이 될 수밖에 없다. 한(恨) 없는 의료인프라, 이것이 울산에 상급종합병원이 존재해야하는 가장 근본적인 이유다. 향기처럼 햇살이 내리는 그리운 이의 묘소 앞에서 한(恨) 없는 울산의료 인프라를 염원한다.

경상일보 | 2014.09.24.

» 우리는 꿈이 있다.(We have dream)

대한민국 다문화1호 국회의원인 필리핀 출신 이 자스민 의원은 16일 울산 중구컨벤션 센터에서 꿈을 주제로 특강을 했다. "각자의 꿈의 가치와 정도는 다르겠지만 큰 꿈이든 작은 꿈이든 자신에게는 가장 큰 꿈입니다. 자신이 생각하는 꿈을 이루기 위해 부단히 노력해야합니다."

늘 들어왔던 성공 내러티브다. 그럼에도 어려운 여건에서 부단한 노력으로, 고통을 딛고, 마침내 꿈을 이룬 사람들의 이야기는 우리의 가슴을 뭉클하게 한다. 필리핀 출신의 다문화 가족의 일원인 그가 대한민국의 국회의원 되어 어려운 이들에게 꿈을 심어주기 위해 동분서주하는 모습은 실로 감명스럽지 않을 수 없다. 꿈이 없는 곳에는 내일이 없다.

한 낮의 폭염 속에서 맹렬히 울고 있는 어린 매미에게도 이루고 싶은 꿈이 있고, 이제 막 부화한 어린 박새에게도 푸른 하늘을 비상하고픈 꿈이 있다. 꿈이 있으므로 내일이 있고, 내일을 상상함으로써 동공이 열리고, 가슴이 뛰고, 숨이 가뿐 것이다. 이것을 우리는 설렘이라고 한다.

우리는 지금 가슴이 설렌다.

울산대학교병원(병원장 조홍래)이 전국병원 평가결과에서 3위를 기록했기 때문이다. 병원 평가는 "요양급여 적정성평가"를 통해 이루어지고 있는데 이는 의료기관에서 제공하는 의료서비스의 질은 물론 의약학적, 비용 효과적 측면을 평가하는 것이다. 항목은 총 17개로 구성되어 있고 수술, 입원진료, 외래진료 등의 항목으로 되어 있다. 일본 등 의료 선진국에서는 이미 오래전부터 의료의 질 향상은 물론이고 환자들에게 객관적 정보를 제공하기 위해 평가결과를 매년 공개하고 있다. 우리나라는 2009년부터 건강보험심사평가원에서 이를 객관적으로 평가하여 5년 째 발표하고 있다. 울산대학교병원이 서울아산병원, 서울대병원에 이어 전국 3위를 기록했다는 것은 놀라운 일이 아닐 수 없다.

지난 1997년 공업학원 울산대학교 재단은 당시 해성병원을 울산대학교병원으로 전환하면서 지금까지 우수한 교수진 영입과 더불어 최첨단 치료시설을 확충해왔다. 작년에는 울산지역 환자들이 시설과 치료인프라가 부족해서 서울 등 대형병원을 찾아가야 하는 불편을 해소해야 하겠다는 방침아래 2000억 원을 투자하여 암센터를 포함한 500병상 규모의 신축병동을 완공하여 지금 진료 중에 있다. 울산대학교병원은 그동안 '고위험 수술 잘하는 병원', '환자 사망률 낮은 병원' 등 정부기관으로부터 우수하다는 평가를 받았다. 그리고 오늘 울산시민의 신뢰와 사랑 속에서 병원평가 전국3위를 기록한 것이다. '전국8대 병원'이라는 꿈을 가지고 부단히 노력한 결과다. 정몽준 재단이사장은 평소 기회가 있을 때마다 직원들에게 "소외된 이웃과 환자의 안전을 먼저 생각하고 과잉 또는 부당 진료가 없도록 할 것"을 당부했다. 또한 이를 위해 병원이 수익 창출보다는 의료의 질 향상을 위한 연구와 교육에 매진할 수 있도록 지원했다. 배운 대로 열심히 진료하고 가르치고 연구한 의료진은 물론이고 함께 협력하고 협동한 임직원들이 이었기에 가능한 일이다.

우리는 매일 새로워질 것이다(日新又日新). 그러므로 울산대학교병원의 전진은 앞으로도 계속 될 것이다. 세계 최고의 기업 옆에 나란히 우뚝 선 세계최고의 병원, 이것이 우리의 꿈이요 비전이다.

›› 새로운 병원문화 창조를 위한 제언

우리는 지금 암센터를 비롯한 병원 신축동 준공을 불과 2달여 앞두고 있다. 500병상규모의 신축동이 완공되면 울산대학교병원은 1,000병상규모가 되고 이는 영남권은 물론이고 우리나라 최고의 병원과 병상규모면에서 어깨를 겨루게 된다. 고객은 물론이고 의료 환경도 급변하고 있는 시점에서 1,000병상 시대를 어떻게 열어갈 것인가는 우리에게 주어진 새로운 도전이 아닐 수 없고 우리가 극복해야 될 과제임에 분명하다. 어떻게 이 도전을 극복하고 과제를 해결할 것인가? 변화의 시대에서 생존하고 승리하기 위해서는 새로운 문화의 창조는 필수적이다. 문화가 엄청난 가치를 창출하는 시대이기 때문이다. 우리는 어떤 문화를 창조해야 하는 것일까?

조직공민행위(organizational citizenship behavior)란?

조직공민행위란 1988년 사회학자 오건(Organ)이 명명한 말로'지시나 보상시스템과 무관하게 조직의 효과적인 작용을 촉진시켜주는 개인의 자발적인 행동', 즉 의무적인 일도 아니고 보상도 없지만 자신이 속한 조직의 발전을 위해 구성원들이 자발적으로 행하는 부차적인 행동을 말한다.

공민행위는 소명(vocation)의식에서 발현된다. '내게 맡겨진 일만 할뿐'이라는 직업적 사명(mission)과는 다르다. 직업적 사명과 소명은 무엇이 다른가? 사명이란 내가 주도하는 것이 아니라 수용하는 입장, 즉 당연히 해야 할 의무(mission)를 말하며, 소명이란 해야 될 가치를 깨닫는 것이지만 당연히 해야 할 의무는 없다. 좀 더 쉽게 구체적인 예를 들자면 복도에 떨어진 휴지를 청소부가 줍는 것은 당연한 직업적사명이지만, 청소부가 미처 발견하지 못한 휴지를 간호사나 의사 혹은 타부서 직원이 줍는 행위는 소명의식에서 발현된 공민행위다. 우리가 할 수 있는 공민행위는 이 이외에도 무수히 많다. 소명에 충실하면 천직이 된다. 직업이 아니라 소명으로 일을 대할 때 우리는 더 큰 기쁨을 맛볼 수 있다. 많은 사람들이 소명보다는 직업적 사명에 관심이 많지만 큰 성취는 소명을 갖는데서 이루어진다.

직장이나 개인 생활에서도 능력 있고 바쁜 사람들에게 더 많은 일들이 주어지고 더 중요한 능력을 요구하게 된다. 그 이유는 바로 일(mission)을 자신의 소명으로 바라보기 때문이다. 그렇다면 소명의식은 어디에서 나오는가? 이는 의식이 싹트면서 가슴에 품었던 사회적 책임감에서 나온다. 소명의식과 공민행위는 조직을 최고로 만드는데 있어 필수 조건이다. 항공사 규정상 애완동물을 데리고 탑승 할 수 없는 관계로 곤란을 겪을 번한 승객의 애견을 2주간이나 자기 집에서 돌봐준 사우스웨스트 항공사(Southwest Airline) 어느 직원의 일화는 아주 유명한 조직공민행위의 일례다. 이외에도 이 회사 직원들의 공민행위로 말미암은 사우스웨스트 항공(SWA)에 대한 고객들의 찬사는 이루 말할 수 없이 많다. 이 항공사는 '73년 이래로 지난 25년 동안 미국 항공사들 중 유일하게 연속 흑자 경영을 했음은 물론이고 경기침체로 다른 모든 항공사들이 손실을 기록했던 1991년과 1992년에도 수익을 올렸다. 특히 92년은 미국 항공사들에게는 악몽 같은 불황의 한 해였지만 유독 Southwest Airline만이 1억 달러 가까운 흑자를 기록했음은 어쩌면 당연한 결과였는지 모른다.

1,000병상을 작동시킬 새로운 소프트웨어는?

세계적인 경영학자 피터 드러크는 그의 저서 '창조하는 경영자'를 통해 "고객은 만족을 구입한다. 때문에 모든 재화와 서비스는 외관상 다르고, 전혀 다른 기능을 수행하고, 다르게 생산, 유통되고 팔리더라도 고객에게 만족을 제공한다는 측면에서 치열하게 경쟁하는 것이다."라고 했다. 고객만족의 목표를 달성하기 위해서는 '내게 주어진 일만 할 뿐'이라는 직업적 사명감만으로는 목표를 이룰 수 없다. 고객만족의 90%는 조직원들의 소명감에 의존함을 우리는 알아야 한다. 우리가 울산대학교병원에서 일하게 된 것은 천부적인 권리가 있었기 때문이 아니라 우리가 원하고 선택했기 때문이다. 그러므로 우리는 소명의식에 더 충실해야 하리라 믿는다. 지금 우리에게는 1,000병상의 하드웨어 못지않은 묵직한 소프트웨어가 필요하다. 잘 정비된 규정이나 명령체계, 매뉴얼의 제정비도 필요하지만 형식주의는 창의성을 억누르고 조직과 개인을 수동적으로 바꾸어 주체성을 잃게 만든다. 모든 상황에서 늘 그러듯이 결정적인 요소는 우리의 태도이다.

영남권 최대병원에서 일한다는 것 자체가 우리 모두의 긍지임에는 분명하지만 책임감과 실행이 없는 긍지는 자기과시로 흐를 수 있다. 조직이 커지면 자율적 공민행위의 중요성이 더 커지는 이유다. 미래학자 조엘 바크는 "실행이 없는 비전은 꿈에 불과하며 실행이 따르는 비전만이 세상을 바꿀 수 있다"고 했다. 아무리 훌륭한 전략과 비전을 내놓아도 행동과 실행이 없다면 공허한 구호에 그치고 만다. 우리는 이곳에서 우리의 도움을 필요로 하는 사람들에게 봉사하라고 불리움을 받았다. 우리를 찾아오는 환자와 그 가족들뿐만이 아니라 우리와 함께 일하는 우리의 동료들도 우리봉사의 대상임을 잊어서는 안 된다. 이러한 소명의식을 바탕으로 공민행위가 펄펄 살아 넘치는 공민문화, 이것이 바로 우리가 창조해야 될 울산대학교병원의 새로운 문화여야 하고 1,000병상을 작동시킬 소프트웨어여야 함을 굳게 믿는다.

03

"사랑하는
아들, 딸에게"

내일이 수능시험이야, 그동안 힘들었지? 아빠도 경험해봐서 알아. 무겁고 버거운 무게를 짊어지고 한 걸음 한 걸음씩 용케도 여기까지 무사히 잘 왔구나. 장하다 나의 딸.

수능시험 같이 중요한 상황에서 네가 할 수 있는 것은 최선뿐인데 아빠가 보기에 너는 분명히 최선을 다했다. 최선을 다하는 너의 모습에 엄마와 아빠는 솔직히 행복했단다. 결과는 최선을 다한 것과는 다르게 나올 수도 있지만 최선을 다하는 과정이 아빠는 더 중요하다고 생각한다. 하나님께서도 분명 무엇을 이룬 것 보다는 그것을 이루기 위해 얼마나 노력했느냐를 높게 평가하실 거야. 최선을 다했으므로 오늘은 편안한 밤을 보내길 바란다.

뿐이야!(뿐이는 나의 딸 김 민지의 애칭임) 나는 네가 너무너무 자랑스럽다 그리고 사랑한다. 내일이 지나면 아빠 엄마와도 많은 시간을 보낼 수 있을 거야. 옛날에 네가 어렸을 때처럼. 아빠는 그때가 너무너무 그리워. 앞으로 여행도 하고, 등산도 하면서 많은 대화도 나누고 싶구나. 그동안 수고 많았다. 잘 자! 나의 딸.

2011.11.9. 오전 진료를 마치고 연구실에서 아빠가.

민지에게

고3의 막바지야, 힘들지? 아빠도 경험해봐서 알아. 수능준비로 하얗게 밤을 지새워야 하는 지금이 인생에 몇 안 되는 가장 힘든 고비의 하나라는 걸. 그렇지만 무한 경쟁의 시대에 무방비로 던져진 너와 너의 친구들이 한없이 안쓰럽다. 하지만 어떻게 하겠니? 결국 우리 인생의 짐인걸, 무겁고 버겁더라도 그 무게를 짊어지고 한 걸음 한 걸음씩 나아가야 할 우리의 십자가인걸. 그래도 한 가지 위안이 있다면, 끝이 보인 다는 거잖아? 이제 서너 달 후면, 긴긴 대입준비의 기간도 일단락을 짓게 될 거야. 내년 2월 고등학교 졸업식을 치르게 될 무렵에는, 지금의 이 고단함도 지나간 이야기가 되어있을 테지. 그래, 누군가 말했듯 모든 것은 지나가. 다 지나가. 우리 조금만 더 견디자. 음....., 아니다. 사실대로 이야기해주는 편이 낫겠구나. 지금 보이는 끝이, 실은 끝이 아니야.

전국의 재수생들과 고3들은 대학이 결승점이라고 생각하겠지만, 대학에서 생의 대부분을 보낸 아빠가 보기엔 대학이란 문제의 출발점이야. 수많은 신입생들이 벅찬 기대를 안고 대학에 왔다가, 엄청난 꿈과 현실의 괴리에 좌절하는 모습을 숱하게 보아왔어. '대춘기'라는 말이 있어. 대학생의 사춘기라는 뜻인데, 요즘엔 청소년기에 겪었어야 할 사춘기가 대학생이 돼서야 나타난다는가봐. 요즘 청소년이 신체발달은 빠르지만 심리적 발달은 늦어져 사춘기가 오히려 지연되기 때문이라고 해. 게다가 입시 준비 때문에 미처 고민 할 겨를이 없었던 수많은 문제들이 대학에 와서 본격적으로 불거지게 되거든. 중.고등학교 때에는 공부만 하면 됐지만, 대학생이 되면 성인으로서 모든 문제에 맨몸으로 맞닥뜨려야 하거든. 대학이란, 애벌레가 성충으로 변모하듯 수험생에서 사회인으로 다시 태어나는 사회적 변태(變態)가 일어나는 곳인 거야.

네가 지금 영혼을 팔아서라도 가고 싶어 하는 그 대학이라는 곳이, 실은 그런 곳이야. 희망이 아니라 좌절인, 고생의 끝이 아니라 고민의 출발인. 네가 대학생이 되면 그때 아빠랑 데이트 하면서 많은 이야길 나누겠지만(아빠의 희망사항임) 이제 곧 대학생이 되면 뜨거운 열망을 가지고 세상에 뛰어들었으면 좋겠어. 이것저것 가리지 않고 많은 시도와 실수도 있어서면 좋겠어. 실수하는 것보다 더 나쁜 것은 아무것도 하지 않는 거야. 문이 아무리 많아도, 열지 않으면 그냥 벽이야. 되도록 많은 벽을 두들기고, 되도록 많은 문을 열어봐. 청춘이라는 보호막이 너의 실수를 용인해줄 거야.

사랑하는 나의 딸아.

아빠가 이런 글을 쓰게 된 것은 내 스무 살에 대한 후회 때문이기도 해. 그 후회란 단지 내가 더 성실하게 생활하지 못했다거나, 그때 다른 직업을 택했다면 어땠을까하는, 그런 종류의 아쉬움이 아니야. 누군가 내게 과거의 나와 통화 할 수 있는 전화기를 주었으면 좋겠어. 그래서 내가 만약 스무 살의 나에게 딱 한 번만 전화를 걸 수 있게 된다면, 나는 청춘의 나에게 이 한마디를 해주고 싶어.

아프니까 청춘이라고.

그러므로 너무 흔들리지 말라고. 담담히 그 성장통을 받아들이라고.

그 아픔을 훗날의 더 나은 나를 위한 연료로 사용하라고.

민지야 이글은 서울대학교 소비자학과 김난도 교수가 쓴 '아프니까 청춘이다'라는 책의 말미에 현재 고3인 아들에게 쓴 편지를 아빠가 그대로 베껴 쓴 거야. 아빠가 너에게 해주고 싶은 이야기랑 너무 똑같아서 말이야.

우리 딸! 너무너무 힘들지? 아빤 너무 잘 알아. 아빠는 고3 이후 성인이 되어서도 인턴시험, 졸업시험, 의사국가고시를 준비하면서 현재 네가 겪는 입시지옥을 두 번 이상 겪었으니까.

괘종시계가 울려도 눈이 떠지지 않았던, 공부 해야만 되는데, 일어나야 하는데, 너무 피곤해 몸이 말을 듣지 않아 누워서 가만히 눈물만 흘렸던 아빠의 너무나도 아팠던 20대가 생각나서 너를 그냥 재웠던 거야. 10분만 더 자게 아니 5분만 더 자게 내버려 두고 싶었던 거야.

이제 3개월 정도 남은 것 같구나. 10대에서 20대 진입을 향한 어둡고 긴 터널을 우리 딸 용케 잘 빠져 나가고 있구나. 조금만 참아, 알았지? 사랑해.

2011.7.20. 아빠가